本书由中央高校建设世界一流□
项资金资助项目资助

POVERTY ALLEVIATION THROUGH EDUCATION
AND SCIENTIFIC PHILANTHROPY

科学公益与教育减贫

——贫困高中生资助项目效果评估

潘昆峰　何章立　著

知识产权出版社
全国百佳图书出版单位
—北 京—

图书在版编目（CIP）数据

科学公益与教育减贫：贫困高中生资助项目效果评估 / 潘昆峰，何章立著 . -- 北京：知识产权出版社，2022.2

ISBN 978-7-5130-8135-1

Ⅰ . ①科… Ⅱ . ①潘… ②何… Ⅲ . ①教育—扶贫—研究—中国 ②高中生—教育投资—效果评估—中国 Ⅳ . ① G526.72

中国版本图书馆 CIP 数据核字（2022）第 064910 号

内容提要

本书基于数据分析和访谈分析，从宏观层面出发，研究高中资助项目效果，科学设计资助方案，持续跟踪并收集参与项目学生的入学、就业、收入数据，深入调查研究，探索不同资助方式的效果，为后期政策的制定、财政资金的拨付和其他社会资源的进入提供可靠的理论依据和政策启示，期望对人才培养和社会发展起到推动作用。

本书适合教育领域研究者、教育政策制定者阅读。

责任编辑：李　婧　　　　　　　　　　责任印制：孙婷婷

科学公益与教育减贫——贫困高中生资助项目效果评估

KEXUE GONGYI YU JIAOYU JIANPIN——PINKUN GAOZHONGSHENG ZIZHU XIANGMU XIAOGUO PINGGU

潘昆峰　　何章立　　著

出版发行：知识产权出版社有限责任公司		网　　址：http://www.ipph.cn	
电　话：010-82004826		http://www.laichushu.com	
社　　址：北京市海淀区气象路50号院		邮　　编：100081	
责编电话：010-82000860转8594		责编邮箱：laichushu@cnipr.com	
发行电话：010-82000860转8101		发行传真：010-82000893	
印　　刷：北京中献拓方科技发展有限公司		经　　销：新华书店、各大网上书店及相关专业书店	
开　　本：880mm×1230mm　1/32		印　　张：7	
版　　次：2022年2月第1版		印　　次：2022年2月第1次印刷	
字　　数：160千字		定　　价：77.00元	

ISBN 978-7-5130-8135-1

前　言

　　普通高级中学教育的完成是多数学生通向高等教育的必经之路，更好的高中成绩有助于学生接受更好的高等教育，完成人力资本的进一步增值。在我国，义务教育阶段和高等教育阶段近些年得到了国家大量的政策和资金支持，并得到了长足的发展，但高中教育作为衔接义务教育和高等教育的关键阶段，无论是资源分配还是教育过程，都存在着一些问题，如国家拨付的资金在高中教育阶段的不充足、资金分配在东中西部地区间的不均衡、农村贫困地区辍学率高等。

　　城乡之间教育发展水平的不均衡是高中教育阶段存在的最为严重的问题之一。贫困落后地区的基础设施落后、师资力量薄弱。同时，与义务教育阶段相比，高中教育阶段较高的费用成了影响贫困地区，尤其是贫困家庭学生继续学业、取得更好成绩的障碍。为了切实解决普通高中家庭经济困难学生的就学问题，国家在 2010 年出台了普通高中国家助学金政策，但资助的金额要远小于高等教育阶段。同时，由于资助的不充分性，很多地区的资助无法做到全覆盖而仅仅是资优，这就使得很多学生由于经济原因无法继续这一阶段的学业，进而影响到整个社会人力资本的质量。

截至 2019 年底，普通高级中学还有少部分的在校贫困生无法得到任何的资助。这些没有得到资助的高中生，一方面家庭要承受沉重的经济压力；另一方面常因资金有限无法享有优质的教育资源，同时还要承受农村"读书无用，不如早点出去打工挣钱"的舆论压力和心理负担。这一系列挑战对高中贫困生来说，在一定程度上消磨了其进取心，黯淡了其大学梦，阻碍了其求学路。随着我国九年义务教育的逐步普及，众多实证研究表明，在初中及其以下文化程度的农村劳动者中，教育对提高其收入的效果不显著；而在拥有高中以上文化程度的农村劳动者中，教育则发挥了较大作用，可见，普及高中及以上教育是农村脱贫的重要因素。然而，什么样的资助能够更好地帮助高中生完成学业？教育公益项目如何能够科学发力？理论探讨与实践探索还远远不足。

北京三一公益基金会作为率先倡导"科学公益"的基金会之一，在 2007—2019 年开展的针对全国贫困高中学子的"圆梦助学"公益项目是教育科学公益项目的典型代表。该项目分为两个阶段：第一阶段从 2007 年开始，每年挑选 10 位优秀的大学生进行大学及后续教育阶段的资助；第二阶段从 2014 年开始，资助对象改为高中生，主要探讨不同的资助方式对提高贫困高中生上大学的可能性。资助共持续了三届，共计 1100 余人。

"圆梦助学"公益项目的科学性在于其从 2014 年开始采用的随

机干预实验方式，以随机分组和有条件现金转移支付的方式开展资助。随机干预实验目前在国际上广泛应用于公共政策项目的评估。作为因果推断的"黄金法则"，该方法的采用能为教育项目评价提供大量科学依据。但由于实验的高成本和操作的复杂性，在国内大规模应用这一方法进行评估的项目很少见。"圆梦助学"项目作为资助类随机试验的代表项目，资助金额大，涉及范围广，持续时间长，尤为难得。对"圆梦助学"项目的深入细致分析将有助于科学地探讨中国特色减贫方案的实施过程及实施效果，同时为全球减贫公益项目提供有益参考。

本书是作者领衔的评估团队于2019—2020年对三一基金会——"圆梦助学"项目评估课题的成果。该课题历时6个月，在此期间评估者以大量的素材数据和严谨、科学的方法为依托，对项目开展了全方位评估，探讨资助对高中生成绩、大学入学率、入学质量及个体成长的影响，为今后更有针对性地在高中阶段提升人力资本质量提供了科学可靠的实证依据。

目　录

第一章 脱贫攻坚背景下的项目实施

第一节 项目实施背景

为全面建成小康社会，打赢脱贫攻坚战，"十三五"规划提出了"精准扶贫、精准脱贫"的工作新理念，将教育扶贫作为扶贫开发新阶段的主要路径和措施，"不让一个学生因家庭经济困难而失学"成为工作目标之一。为此，国家和社会力量都在学生资助上不断努力，取得了显著成效。《2018年中国学生资助发展报告》数据显示，2018年，全国资助学前教育、义务教育、中职教育、普通高中和普通高校学生累计9801.48万人次，财政投入共计1290.08亿元，企事业单位、社会团体和个人捐助等资助资金共计135.36亿元。

然而一直以来，高中阶段是教育资助的"盲区"。一方面，国家助学贷款和助学金体系覆盖大学、高等职业教育和中等职业教育，义务教育阶段实现免费教育。另一方面，社会力量和慈善公益资源也在不断向其倾注，开拓了各式各样的项目。而对学生发展同样有着关键作用的高中阶段则常常被忽视，成为公益资助领域的薄弱环节。❶ 与此同时，尽管近年来面向贫困地区的倾斜性教育扶贫政策使得农村或贫困地区学生就学的绝对值增长，但结合学者的研究发现，具有优势资源的学生拥有更多的经济资本、文化资本、社会资本，在享受教育和接受高等教育上依然占据着更大的优势。❷ 贫困导致的不平衡正在由数量上的不平衡转化为质量上的不平衡，重点高校中农村生源和贫困生比例没有得到根本性改善。

一方面重点高校中农村贫困生的占比大幅度下降；另一方面随着国家对大学生奖学金、助学金体系的逐步完善，学校奖学金、助学金的覆盖面反而大于贫困生比例。据中国扶贫基金会的调查显示，全国高校贫困生比例约为20%，其中特困生约为8%。而目前，国家助学金的覆盖率已经达到了20%，可以基本覆盖高校的所有贫困生，加之目前已经基本完善的助学贷款体系，以及各类社会组织和机构在高校中设立的名目繁多的奖学金、助学金项目，使高校，尤其是重点高校，出现奖学金、助学金过剩的现象。以清华大学为

---

❶ 汪传艳.建立农村普通高中贫困生资助体系的实证研究——基于湖北省Z市的调查[J].湖南第一师范学院学报，2010，10（6）：30-4；穆伟山，陈思.对建立我国贫困高中生资助制度的探析[J].教育探索，2010（6）：21-22.

❷ 杨东平.高等教育入学机会——扩大之中的阶层差距[J].清华大学教育研究，2006（1）：19-25.

例，该校设有 100 余种奖学金和 100 余项不同级别的助学金，1/3以上的在校学生都可以拿到奖学金或助学金。

实践证明，在高校设立奖助学金，进行锦上添花式的资助刺激，并不能从根本上扭转高校农村贫困生减少的趋势。为了扩大农村地区贫困生上重点大学总人数，有必要将助学方向由资助"分子"转而培育"分母"，即增加农村地区贫困生高中就读和参加高考的比例，通过扩大"分母"来促进"分子"的增长。

相对于重点高校奖助学金资源的过剩情况，截至 2019 年底普通高级中学还有少部分的在校贫困生无法得到任何资助。这些没有得到资助的高中生，一方面家庭要承受沉重的经济压力；另一方面常因资金有限无法享有优质的教育资源，同时还要承受农村"读书无用，不如早点出去打工挣钱"的舆论压力和心理负担。这一系列挑战对高中贫困生来说，在一定程度上消磨了其进取心，黯淡了其大学梦，阻碍了其求学路。随着我国九年义务教育的逐步普及，众多实证研究表明，在初中及其以下文化程度的农村劳动者中，教育对提高其收入的效果不显著；而在拥有高中以上文化程度的农村劳动者中，教育则发挥了根本性作用，可见，高中及以上教育是农村脱贫的关键。

对高中贫困生的资助问题已经成为教育助学领域最薄弱的一环，亟须引起关注。在除高中外的其他教育阶段中，国家和地方政府已经向重点高校引入了大量的财政资金，高等职业教育和中等职业教育也已经纳入了国家助学贷款和国家助学金资助体系。高中之前的九年义务教育阶段，一方面已经全面实现免费教育；另一方面其是各种慈善组织和社会力量资助的热点，而且资助重点已经由学费资助转向提供更好的教学、学习条件，解决学生的食宿、心理问题和素质教育等方面。而普通高中阶段的教育资助形式则成为"被遗忘的角落"。

在这样的背景下，北京三一公益基金会（以下简称"三一基金会"）发起公益助学项目——圆梦助学项目，旨在资助高中贫困生，增加他们踏入重点高校的可能性，同时，该项目将高中生、大学生、研究生都纳入其资助范围。从微观层面看，推行圆梦助学项目通过教育资助途径打破教育的代际传递，提升人力资本，改善未来收入，从而达到消除个体贫困，实现公平发展的目的。从宏观层面来说，圆梦助学项目作为以高中为切入口的资助项目，通过科学的资助方案设计，持续跟踪并收集参与本项目的学生的入学、就业、收入数据，深入调查研究，探索不同资助方式的效果，为后期政府政策的制定、财政资金的拨付和其他社会资源的进入提供可靠的理论依据和政策启示，对于人才培养和社会发展起到了关键性的推动作用。

第二节　2014 年项目开展情况

一、资助目标的确定

（一）名额分配

资助地区的选择按照经济发展落后和曾经遭受重大自然灾害为标准，2014 年确定在 5 个省（自治区）资助 180 名贫困高中一年级学生，由三一基金会委托第三方合作机构负责挑选资助候选人。同时向全国其他地区贫困生开放网上自助申请 20 个名额，参照 2014 年各省高考报名人数，各省（自治区）名额分配如表 1-1 所示。

表 1-1　2014 年各省高考报名人数及资助名额分配

省（自治区）	高考报名人数 / 万人	分配名额 / 人
湖南	38	50
宁夏	6	30
青海	4	20
四川	57	50
新疆	16	30
其他地区	—	20

（二）候选人标准

目前，各类奖学金、助学金项目在选拔被资助者时有几个必要条件，包括"成绩优秀""民政部门或其他政府机构提供贫困证明"和"学校张榜公布最终名单"。

"成绩优秀"这一要求导致在实际执行中，善款通常会被学校或者老师作为对优等生的奖励手段，大多数资金流入学习成绩领先的学生手中，而大多数真正需要资助的贫困生则因为这样那样的原因无法达到"优秀"标准（一般成绩为前三名、前五名、前十名等）而得不到资助。因此，本项目选拔资助对象的标准定为高中入学考试时年级排名前 50%（年级排名不可得的情况下可用班级排名代替）的贫困生。因年级排名前三名或者前五名的学生几乎都会获得学校的奖学金，为了排除一人获得多份奖助学金的情况，这部分学生原则上不纳入候选人范围。

考虑到大多数学生因自尊心等原因，不愿公开其贫困身份，该项目受资助者的信息原则上不在基金会网站公示，也不在其所在学校公示，受资助与否及资助方式仅通知到资助对象本人。但对于政府相关管理部门或其他有查询需求的单位和个人，可以按照法律法规进行适当公开。

关于贫困证明材料，为了减少申请者负担，减少不必要的政府相关部门寻租空间，申请者是否需要由政府相关部门（民政、街道、村委会等）开具的贫困证明，本项目不做强制要求，由申请者自行决定是否提交。同时，为了培养学生的诚信意识，鼓励申请者自行申报所有必需的学业成绩及家庭贫困状况相关信息。一般情况下不需要第三方证明材料。贫困与否的判断主要通过个人提供的申请材料相关信息来判断。

简言之，本项目确定申请者是否符合资助标准的原则只有以下四条：

（1）普通高中一年级在读；

（2）高中入学考试成绩年级排名前 50%（省级重点学校），前40%（市级重点学校），前 20%（一般高中学校）；

（3）家境贫困；

（4）无法获得来自第三方的足够资助。

（三）申请资料

凡是符合上述条件的申请者通过现场领取申请表（合作机构负责部分）或者在线填写申请表（非合作机构负责部分）的方式提出申请，并提交一篇1000字左右的助学金申请书（一般应为电子版上传，没有上网条件的由合作机构负责录入、上传）。申请者需在申请书中阐明以下几个问题：

（1）对本人学习、生活现状的介绍；

（2）对本人家境贫困原因的分析、思考及改变贫困的可能建议；对贫困与个人发展、地区发展和国家发展关系的认识；

（3）高中三年的学习、生活目标与计划；

（4）人生未来规划，包括目标大学，是否计划读研究生，是否出国留学等，希望工作的地区、行业，收入预期，回馈家庭及社会的想法等；

（5）其他个人认为必要的说明事项。

（四）最终名单的确定

第三方合作机构在各省份按照候选人标准中的四条标准开展候选人筛选工作，并按照各省（自治区）配额的4倍确定候选人，在线录入候选人资料，并将申请人原始资料表格、申请书送达基金会存档。候选人的筛选要尽量做到男女生比例均衡。

三一基金会以这些申请者为基础建立数据库。以省（自治区）为单位按照随机的方式确定最终受资助对象名单，共计200名（在具体的操作中名额有所调整，详见本书第三章）。

（五）资料审核

在初步资助名单确定后，三一基金会组建以已参加圆梦助学项目的学子为主的 20～30 人的大学生志愿者团队，为他们提供参与公益、回报社会的机会，鼓励他们充分利用大学同学和亲戚朋友的网络，联系到被资助对象所在地的熟人，通过各种可能的途径，对入选的贫困学生进行 100% 的申报资料真实性不公开审核，对其余600 人随机抽取 100 人进行真实性审核。按照对不诚信零容忍的原则，志愿者一旦发现不诚信行为，及时报三一基金会项目部讨论确定后，取消弄虚作假者的被资助资格，并在基金会网站予以公布，同时向其所在班级和学校通报其不诚信行为。空出来的名额缺口，将会从上一轮未抽中的候选人中再随机抽取候补人员。

二、资助标准及方式

（一）确定依据

根据公开可获得的资料，拟计划开展项目的 5 个省（自治区）教育、财政和物价部门政策规定的高中阶段收费标准如表1-2 所示。

表1-2 五省（自治区）高中阶段收费标准和人均GDP

省（自治区）	全年费用/元	学期费用/元	学费/元	课本费/元	住宿费/元	补课费/元	其他/元	人均GDP/万元	备注
湖南	5104	2552	1000	807	600	—	145	3.69	2012年重点中学收费标准
宁夏	1510	744	400	—	180	—	175	4.01	2009年全省统一收费标准
青海	1350	675	200	260	50	—	165	3.67	2004年西宁市收费标准
四川	4180	2090	460	330	600	600	100	3.25	2013年全省统一收费标准
新疆	3247	1637	900	—	500	—	237	3.81	2012年乌鲁木齐市收费标准
平均	3084	1542	592	466	386	600	164	3.67	五省平均值

注：数据由三一基金会提供，数据并非源于官方，大致反映基本情况。

根据表1-2的不完全统计，五省（自治区）高中平均年收费3084元，此费用还只是政策规定范围内的，各地实际执行中的收费标准可能还要更高，如果加上生活费用和普遍存在的补课费、择校费，贫困家庭供养一个高中生一年要超过5000元。

（二）资助标准

圆梦助学项目资助标准的确定遵循有效资助但稍有缺口的原则，目的是培养受资助贫困生的自立自强能力，避免因全额资助可能带来的依赖性和惰性。鉴于各地区经济发展水平基本相当（人均GDP在3.2万元～4万元），根据表1-2统计的各地收费标准，同时参照国家高中奖学金和其他基金会类似资助项目的资助水平，圆梦助学项目确定向受资助者每人每年以人民币 3000 元为基准进行资助，连续资助 3 年（高中阶段）。

（三）资金给付方式

经审核无误的资助对象，三一基金会与其签订为期 3 年的有条件资助协议，提供其本人或者监护人的银行账户相关信息后，三一基金会进行资金支付。资金拨付所产生的财务费用由三一基金会承担。

为了便于比较和研究不同资助方式所产生的最终效果，为未来三一基金会和其他类似机构提供决策参考，被最终确定的 200 名受资助学生将在第一次资金支付前被随机分成两组，每组 100 人，支付方式 3 年不变，每学期分别按照以下方式拨付资助款。

第一组：在每年 9 月确定资助名额后先支付 1500 元，待被资助学子每学期期末提供持续在校并保持成绩稳定（原则上不得低于第一次考试的排名，原来成绩位于前 10% 的同学允许存在 5% 的波动）的证明材料后支付下一期资助款。

第二组：在每年 9 月确定资助名额后先转账支付 1500 元，待被资助学子提供持续在校并保持成绩稳步提高（第一次成绩排名位于前 10% 的，不得低于 10%，第一次成绩排名位于前 50% ～ 10% 的，排名必须高于上一次排名直至进入前 10%）的证明材料后支付下一学期资助款。

上述两组被资助者如果没有达到所在组相应要求，将会失去高中阶段余下各学期获得资助款的资格，但仍可以按照对照组的相关要求参与本项目。如果其高中毕业后考取相应级别大学，仍然可以向三一基金会申请相应级别的资助。

（四）对照组

为了科学地研究教育干预效果及被干预地区贫困、教育、就业和经济发展情况，对于未被选中的其余 600 名左右对照组申请者，三一基金会也将尽力收集与实验组对应的相应数据。为了确保此部分人员的参与度，可以通过以下两种方式对其进行激励与承诺：

（1）凡是未被抽中的申请者，三一基金会与其签订未来资助承诺书，保证凡是申请者三年后考取"985"高校或者同级别的其他名牌高校者，按照实验组同样的标准对其大学阶段进行生活资助。

（2）凡是对照组每学期期末在规定的时限内完成信息提交者，基金会将通过邮寄小额礼品或者纪念品的方式与其保持联系（每次不高于 50 元 / 人），实际操作时以话费补贴为主要方式。

三、高中后资助项目

（一）针对大学阶段的资助项目

考虑到在大学阶段国家和各大学有较为完备的奖学金、助学金、助学贷款资助体系，同时为了鼓励贫困学生树立自立自强意识，三一基金会不再对大学生提供学费资助，鼓励其通过申请国家助学贷款的方式解决学费问题。但三一基金会会通过以下方式对凡是在高中阶段三年完整参与本项目的实验组和对照组的学生进行资助：

（1）考取二本院校的，如果其成功申请了国家助学贷款，三一基金会将会对该贷款进行利息补贴。

（2）考取一本院校的，如果其成功申请了国家助学贷款，三一基金会将会对该贷款进行利息补贴，同时在其大学第一年入学时按照所就读学校学费标准发放一次性奖学金。

（3）考取"985"高校或者同级别的其他名牌高校的，如果其成功申请了国家助学贷款，三一基金会将会对该贷款进行利息补贴。同时对其通过提供生活补助金的方式开展资助，具体标准为：大学所在地为一线城市的，每人每月800元，每年发放10个月，人均8000元/年；大学所在地为二线、三线城市的，每人每月500元，每年发放10个月，人均5000元/年。

（二）针对研究生及海外留学的项目资助

原则上三一基金会对研究生阶段的学费不进行资助，但可参照大学阶段的资助方式对生活费进行适当补助。补助范围将缩小为从高中阶段和大学四年期间持续参加三一基金会的助学项目，且考取国内双一流高校研究生的贫困学子。鼓励学生通过申请各类奖学金、助学贷款或者勤工助学等方式攻读国内高校研究生。

三一基金会特别鼓励贫困学子申请海外名校研究生项目。考虑到海外名校都有丰厚的奖学金资源，大多数申请成功者可以通过学校渠道获得资助，三一基金会将会为申请海外名校的贫困学子提供申请费和考试费资助，具体标准为：每位申请者最高可获得一次性托福考试费 1500 元、GRE 考试费 1500 元、最多 5 所学校申请费 3000 元，共计 6000 元的一次性奖励。凡是从高中阶段和大学阶段持续参与三一基金会项目活动的贫困学生，都有资格申请海外留学申请补助金项目。

第三节　2015 年项目开展情况

2015 年，在对往届高中圆梦学子进行持续的管理资助的同时，将延续 2014 年圆梦助学项目的理念和实施办法。

2015 年圆梦助学项目是在 2014 年圆梦助学项目的基础上进行的，2015 年高中圆梦助学项目设立的基本理念与 2014 年一致，即认同教育是促进经济增长、社会进步和消除贫困的关键路径；高中教育对于学生一生的影响重大，却是教育关注和教育资助的"灰色地带"。2015 年圆梦助学项目仍然坚持资助高中贫困学生，目的在于提高贫困高中生进入大学的比例。

鉴于 2014 圆梦助学项目在项目管理过程中出现的信息数据回收困难，2015 圆梦行动为更好促进项目的开展，对项目管理中将采用线上数据资料管理的形式，以更好地对数据进行科学管理和分析。

一、资助目标的确定

(一)名额分配

2015 年圆梦助学项目拟资助贫困学生 500 人。贫困资助地区主要是经济发展较为落后的中西部地区。2014 年圆梦助学项目的受资助学生的主要地区分布为湖南、甘肃、宁夏、新疆,为保证项目开展的延续性,仍以这四个省(自治区)为主要资助地,其他地区项目的开展根据志愿者招收的情况而定,其中其他部分包括在线上自行进行网络申报的贫困学生。参考 2014 年各省(自治区)高考报名人数,进行调整后,名额分配如表 1–3 所示。

表 1–3 2014 年各省(自治区)高考人数及资助名额分配

省(自治区)	高考报名人数 / 万人	分配名额 / 人
湖南	38	100
宁夏	6	40
甘肃	30	100
新疆	16	60
其他	—	200

(二)候选人标准

关于候选人标准,在 2014 年的标准上,2015 年圆梦助学项目有所调整,具体申请资助的条件如下:

(1)贫困学生必须是完成中考,并确定被高中录取的准高一学生;

(2)中考成绩全市(县)排名前 50%,在中考所在学校排名前 30%,班级排名前 20%;

（3）家庭贫困。

（三）申请资料

凡是符合候选人标准的申请者在志愿者的帮助下，或者自行在三一基金会网站的线上填报系统中填写申请表，并提交一篇1000字左右的助学金申请书（申请者手写，由志愿者扫描或拍照并上传电子版）。申请书中应阐明的问题如下：

（1）对本人目前学习、生活现状的介绍（100字）；

（2）对本人家境贫困原因的分析、思考及可能的建议（300字）；

（3）对贫困与个人发展、地区发展、国家发展关系的认识（300字）；

（4）高中三年的学习、生活目标及人生未来规划：包括目标大学、专业，是否计划读研究生、出国留学，希望工作的地区、行业、收入预期、回馈家庭及社会的想法等（200字）。

（5）其他个人认为必要的说明事项（100字）。

（四）申请者筛选与审核

对于申请者的审核主要考虑三个方面：学生中考成绩、申请表信息、申请书。其中学生中考成绩权重20%，申请表权重30%，申请书权重为50%。对于确定进行重点资助的四个省（自治区），湖南100个名额，宁夏40个名额，甘肃100个名额，新疆60个名额，按照申请者的总分进行排名，分别取排名前100名、前40名、前100名、前60名的学生正式入选圆梦助学项目，其他申请者进行整体排名，排名前 200 名的学生入选圆梦助学项目。但具体的入选名额根据实际情况有所调整，详见本书第三章。

二、志愿者

（一）志愿者招募

志愿者招募主要分为两个部分：个人志愿者和志愿者团队。

个人志愿者招募主要通过网络平台进行宣传，充分借助当代大学生志愿者常使用的微信、微博、高校论坛等网络平台，推广志愿者招募信息。同时，2015 年圆梦助学项目志愿者招募在北京的高校进行大范围宣传，除发布招募信息外，还会选择部分高校进行宣讲；北京市之外的高校，志愿者招募主要由往届的圆梦学子配合进行，地点覆盖各省的高等院校集中地区，并选择部分知名高校进行宣讲。除此之外，为了在全国各高校进行大范围宣传，圆梦助学项目志愿者招募将通过与高校学生团体合作的方式进行，借助高校学生团体的公益热情，推动 2015 年圆梦助学项目的顺利进行。

2015 年圆梦助学项目通过支持高校学生团体暑期社会实践的形式实现志愿者团队招募。高校学生团体暑期社会实践过程中，学生团体在实践所在地开展圆梦助学行动，完成相关的志愿者工作。

（二）志愿者工作

（1）2015 年，暑期在志愿者确定的目标项目活动地寻找符合条件的贫困学生，并向贫困学生及其家长介绍圆梦助学项目，以确定学生在父母知情并同意的情况下参加圆梦助学项目；

（2）在圆梦助学项目的线上填报系统中，按照培训要求，填报申请表中关于贫困学生情况的各项内容；

（3）协助贫困学生提交圆梦助学项目要求提交的相关材料。

三、数据追踪

2015 年，圆梦助学项目采用线上数据管理形式，为参与项目的学生建立个人账号，将其个人信息、申请表、学期汇报表等数据进行保存，并要求学生在每个学期结束后 15 日内，登录线上数据管理系统，填写汇报表，汇报学习生活情况。

参与往年圆梦助学项目的学生数据也通过该线上数据管理系统，建立个人账号，保存并按学期进行信息汇报。从 2015 年起，所有参与圆梦助学项目的学生均通过线上数据管理系统，进行统一的信息填报。

2015 年圆梦助学项目的资助标准、方式，以及高中后资助的项目情况与 2014 年圆梦助学项目相同。

第四节　2016 年项目开展情况

2016 年，在对往届高中圆梦学子进行持续的管理资助的同时，将承继往届的理念和办法，并对具体实施方案进行进一步优化。

一、项目设计

2016 年，圆梦助学项目设计的两个主要变化：

（1）删去了入选标准中对申请者的成绩要求，增加被资助对象的普遍代表性；同时也降低了对成绩考核的筛选难度。

（2）增加了一个新的实验组，即无条件现金转移支付的 D 组，项目设计更加科学、严谨。

二、资助目标的确定

（一）名额分配

2016 年，圆梦助学项目拟选拔的贫困高一新生总数为 400 人，其中 A 组、B 组各 80 人，C 组 160 人，D 组 80 人。主要生源地将参照"圆梦助学 2014"和"圆梦助学 2015"的受资助学生分布情况，并结合志愿者的项目开展地分布情况，在保证项目的数据来源的一致性和可持续性的前提下适当进行名额调配。2016 年的主要项目开展地包括湖南、湖北、河南、甘肃、宁夏等省（自治区）。

（二）申请资格

申请者加入圆梦助学项目需同时满足三个基本条件：

（1）来自中西部地区；

（2）已经被当地普通高中录取并确定于 2016 年秋季入学；

（3）家庭经济困难。

（三）申请资料

贫困学生按照要求准备申请资料，包括申请表中相关数据及撰写申请书。

申请书 1000 字左右，应阐明以下几个问题：

（1）自我介绍；

（2）本人家庭的主要收入来源及支出方向分析；

（3）本人所在地区的经济发展状况概述；

（4）本人家庭经济贫困原因分析；

（5）假设你是一家之主，对改善家庭经济状况的建议；

（6）家庭贫困对个人未来发展的影响；

（7）高中三年的学习、生活目标及人生长远规划；

（8）其他个人认为必要的说明事项。

申请者在志愿者的指导下在线填写申请表，并上传手写的申请书。

（四）申请者筛选与审核

三一基金会对在线填报系统数据进行汇总，启动后台评分程序和逻辑甄别虚假数据程序，同时对申请资料开展人工打分。申请表和申请书分值各占 50%。对审核中发现的不诚信行为进行最终确认和通报批评。

三、随机分组

最终得分前 400 名获得加入圆梦助学项目资格，进入随机分组。随机分组原则上以省（自治区）为单位进行，该省（自治区）入选者人数低于 5 名的，入选人数较少的省（自治区）合并进行随机分组。

四、资助标准及方式

（一）资助标准

最终入选的圆梦学子有资格从三一基金会获得以下资助：

（1）高中阶段：平均 3000 元 / 年学费及生活费补助（具体资助金额根据当地经济发展水平确定）；

（2）大学阶段：国家助学贷款利息补贴、一次性学费奖励、5000 ～ 8000 元 / 年生活补助（视大学所在地消费水平而定）；

（3）研究生阶段：国家助学贷款利息补贴、8000 元 / 年生活补助；

（4）留学阶段：出国留学考试费、申请费资助，往返国际机票费用补贴及 10 万元 ～ 100 万元的学费资助等。

（二）资助条件

1. 高中阶段

初选符合条件的申请者被随机分入 A、B、C、D 组，资助期限为 3 年。

A组：资助款每年 3000 元左右（具体金额以协议为准），每年的资助款分两次发放，在申请审核通过之后，进行第一次资助款的发放；第二次在高一第一学期结束，提交汇报表之后发放。以后每学期被资助对象须保持成绩基本稳定方可拨付下一期款项。"基本稳定"是指以高一第一学期期末成绩排名百分比为基础，各学期期末年级排名百分比下滑不得超过 10%，不得连续两个学期排名下滑。

B组：资助款每年 3000 元左右（具体金额以协议为准），每年的资助款分两次发放，在申请审核通过之后，进行第一次资助款的发放；第二次在高一第一学期结束，提交汇报表之后发放。以后每学期被资助对象须保持成绩稳步提高方可拨付下一期款项。"稳步提高"是指以高一第一学期期末成绩排名百分比为基础，各学期期末年级排名百分比原则上不得低于上一学期，直至排名进入前 10%。

C组：作为对照组，对高中阶段成绩排名没有要求。本组同学只需在每学期期末按要求完成学习生活情况汇报，即会自动获得下一学期及大学、研究生、留学阶段受资助资格；每位同学每学期会获得 50 元通信补助。

D组：资助款每年 3000 元左右（具体金额以协议为准），每年的资助款分两次发放，在申请审核通过之后，进行第一次资助款的发放；第二次在高一第一学期结束，提交汇报表之后发放；本组同学只需在每学期末按要求完成学习生活情况汇报，即会自动获得下一学期及大学、研究生、留学阶段受资助资格。

各组被资助者每学期结束至下学期开学之前须完成个人学习生活情况汇报，第一次没有按照要求完成的，将给予警告；第二次达不到要求的，将直接取消被资助资格。中途辍学、转学、复读的，将失去以后阶段的受资助资格。A、B 两组被资助同学没达到所在组的要求，但每学期继续按时向本基金会汇报学习生活情况的，仍可参照 C 组获得每学期 50 元的通信补助，以及大学、研究生、留学阶段的受资助资格。

2. 大学阶段

考取二本及以下院校且申请了国家助学贷款的，对该贷款个人支付利息部分进行全额补贴；考取一本院校且申请了国家助学贷款的，对该贷款个人支付利息部分进行全额补贴，同时一次性奖励第一学年学费；考取"985"高校或者名牌"211"高校（原则上主流综合排名全国前 50 名）的，除对国家助学贷款个人支付利息部分进行全额补贴外，同时对其进行生活补助，具体标准为：大学所在地为一线城市的 8000 元 / 年；大学所在地为二线、三线城市的 5000 元 / 年。

3. 研究生、留学阶段

在高中和大学阶段持续参与本项目，每学期按时按质按量完成规定数据提交的本项目参与者，都可获得本基金会研究生和留学阶段被资助资格。资助条件为考取国内一流高校（原则上综合排名全国前 20 名的高校）研究生，每人每年可获得生活补助 8000 元。

三一基金会特别鼓励贫困学生申请海外名校研究生项目。基金会将对圆梦学子的入学和奖学金申请过程进行全程免费指导，同时提供一次性托福考试报名费（1500 元）、一次性 GRE 考试报名费（1500 元），学校申请费（最多 5 所学校，总计 3000 元）补助。对进入世界名校（全球主流综合排名前 50 名）的学生发放国际往返机票费用补贴一次；对进入世界顶级名校（全球主流综合排名前 10 名）的，一次性给予 10 万 ~ 100 万元的奖学金。

五、志愿者

（一）志愿者招募

计划招募志愿者 80 人，申请成为 2016 圆梦助学行动志愿者需要满足以下要求：

（1）项目开展地（原则上为家乡所在地）为中西部地区；

（2）2016 年 7 月 1 日—2016 年 10 月 15 日有一周以上的返回家乡计划；

（3）北京地区在读大学生，确保能够参加 2016 年 6 月底的现场培训会；

（4）对数据有敏感性，掌握基本的数理统计知识，有社会调查或社会实践经验；

（5）有参与公益活动的热情和帮助贫困学生的爱心。

（二）志愿者培训

培训的主要目的是让志愿者理解并能够在项目开展地正确传递圆梦助学项目的理念和项目内容，帮助志愿者了解潜在的困难及可能的解决途径。培训的形式为线下面对面培训，主要由圆梦助学项目部项目成员和往届志愿者主讲。在培训结束后 3 天内，将对志愿者培训效果进行在线测评，并最终确定志愿者入选名单。

鼓励入选志愿者在入选名单内部，按照就近原则在项目开展地进行组队，以 2 ～ 3 人为一小组的形式开展项目服务工作。鼓励志愿者充分利用个人及家庭资源，发动同学、朋友、家人等共同参与圆梦助学项目的活动，并发展本地长期志愿者。

第五节　小结

对 2014 年、2015 年、2016 年的圆梦助学项目方案进行分析发现：

（1）项目设计日趋合理完善，2016 年增加无条件转移支付 D 组，并在随机分组中增加对照 C 组，（2014、2015 年为未选中的学子作为对照组，并非随机分组）可以更加科学地评估项目资助的效果；

（2）选拔申请者的要求逐渐放低，除了看到资优的效果外，更加准确地评估资助对学生的影响；

（3）对志愿者的管理日趋规范，更好地推动项目的实施。

第二章　理论概述

第一节　有条件现金转移支付承诺的相关研究

圆梦助学项目以随机分组（Random Control Trail，RCT）和有条件现金转移支付（Conditional Cash Transfer，CCT）的方式开展资助。CCT项目缘起于拉丁美洲，墨西哥政府的"机遇"计划、巴西政府的"家庭津贴"计划，都以受益对象对子女的健康或教育进行投资为条件，对贫困群体进行现金转移支付，达到打破贫困代际传递的作用。例如，巴西刚开始向每个家庭发放的一定的补助金，但条件是家庭中6~15岁的孩子正在1年级至8年级就学，并且在校出勤率至少达到 85%。^❶有条件现金转移支付计划的效果很好，该方案迅速走红，并且逐渐发展为一系列项目。^❷国际经验显示，现金转移支付（CCT）项目能有效解决因经济原因造成的低入学率和高辍学率问题，增加学生受教育年限。

经济贫困和学习成绩差是导致我国中西部农村贫困学生高中教育阶段普及率不高的重要原因。北京大学易红梅教授及其团队试图评估有条件的现金转移支付承诺对改善我国农村贫困学生高中完成情况的影响。他们向刚上初中的学生承诺，如果三年后能上高中，这些学生便在高中期间每年获得 1500 元的现金奖励。2010—2016 年对 132 所学校的 1892 名初一年级贫困生进行追踪调查，研究发现只有不到 50% 的贫困学生最终完成了高中学业。随机干预试验结果显示，CCT 承诺未显著改善贫困学生的高中学业完成情况。可能的原因有两个。一是 CCT 承诺虽然增加了干预组贫困学生志愿上普通高中的比例，但是并未显著提高他们的成绩，最终他们未读高中；中等职业学校常是大多数学生的次优选择，但当读中等职业学校的直接成本和机会成本高昂，贫困学生仍然不会选择。二是一旦学生进入高中阶段，无论是读普通高中还是读中等职业学校，经

---

❶ 汪三贵，曾小溪.有条件现金转移支付减贫的国际经验［N］.学习时报，2016-02-25（2）；汪三贵，曾小溪.巴西的有条件现金转移支付计划［N］.学习时报，2016-03-17（2）.

❷ 司树杰，赵红.巴西家庭补助金项目——有条件现金转移支付项目在教育扶贫中的应用［J］.中国教育发展与减贫研究，2018（1）：143-151.

济因素都不再是他们是否完成学业的首要决定因素。❶

CCT 项目也在不断发展当中，CCT 资助承诺是 CCT 方式创新性的尝试，通过承诺的形式提前告诉受资助者，当且仅当他们在未来某一时期接受更高层次的教育，他们就能在未来上学期间获得确定金额的资助。例如，圆梦助学项目中对学生大学的资助方式采用的就是承诺模式。国内 CCT 帮扶模式数量较少，并且成效与国际上的经验并不一致，也缺乏相关的实证研究，这也是本次评估过程中的主要任务之一。

第二节 高中生奖助学金体系分类与成效

随着学生资助体系不断完善，当前高中阶段的资助体系也日益推进。以下将从评选标准、资助方式、资金来源三个方面来介绍高中阶段学生资助的特点。

在评选标准上，主要有单一助优、单一助困、助优助困三种方式。单一助优是将学生的学校表现作为评选参考的标准，如国家奖学金、学术奖学金等，该类奖学金主要用作激励。单一助困则是按照学生的家庭经济水平作为衡量标准，如国家助学金，该类助学金是对贫困地区的学生进行补偿资助，用作生活学习的必需经费。而

---

❶ 易红梅，何婧，张林秀.有条件的现金转移支付承诺对贫困学生高中完成情况的影响研究［J］.北京大学教育评论，2019，17（2）：149-166，191-192.

由于资助名额的限制，部分助学金会在助困的基础上选择在学校表现较好的学生进行资助。圆梦助学项目则是第三种形式，以助困为基础，同时将学生的学业表现作为考量因素之一。评选标准的不一致反映了项目的资助人群各有差异，目前并没有针对各项方式对学生教育成就的比较研究。

在资助方式上，主要有奖学金、公开性资助、学费减免或缓缴、勤工俭学、助学贷款等形式。但并不是每种方式都适用于高中阶段的贫困资助，也不是每位贫困生都能有机会享受该类资助。李欣颖通过对 246 位贫困高中生的调查研究显示，其对于公开资助的方式最不认可，认为公开资助有伤自尊。❶张彬对广西某县 450 名学生的国家助学金认可程度调查时发现，由于存在政策信息沟通不畅、资金落实不到位、评选价值取向不明等原因，高中生对于国家助学金的认可度并不高。❷

从资助来源来看，主要有政府投入、社会资助两大类。国家助学金是政府投入帮扶的主要形式，起步时间较晚，从 2010 年开始惠及高中阶段，资助面约占全国普通高中在校生总数的 20%，其中东部、中部、西部地区各占 10%、20%、30%，资助标准为每生每年 3000 元。而在社会资助领域，主要由社会团体和非营利性质的基金会进行资助，但由于该类机构常常考虑社会影响力反馈，倾向

❶ 李欣颖.分析普通高中贫困生自尊和资助方式偏好性的关系［J］.财经界，2016（33）：354.

❷ 张彬.高中生对国家助学金资助政策认同研究［D］.广州：暨南大学，2015.

于资助大学尤其是名牌大学，也就造成了亲大学而远高中的现象。[1]

不可否认的是，政府投入和社会资助给贫困学生带来了积极的影响。首先，通过资助缓解了学生及其家庭的经济压力，避免因学致贫、因学返贫等问题的发生，也起到了控辍保学的作用。其次，奖助学金增强了家庭经济困难学生持续学习的信心。有学者通过对中国大学生与毕业生追踪调查2017年的数据研究发现，学校资助对于缩短了受资助学生和非受资助学生在学业成绩和学历期待上的差距。[2]贫困家庭的学生通过接受更完整和高层次教育，有助于提升人力资本，提升素养和技能从而获得更好的收入，有助于阻断贫困的代际传递。

第三节　国内外同类项目对比

国内外都具有对高中阶段进行资金资助的不同项目。其中国内具有较大影响力的有：浙江爱心基金会开展的捡回珍珠计划和中国教育扶贫基金会开展的新长城特困高中生自强班项目。与圆梦助学项目一致的是，二者都是以高中生资助为切入口开展连续资助，但在资助力度和评选金额上略有不同，前者将学业表现作为评选标准

---

[1] 肖华.贫困高中生纳入国家资助体系——让更多的学生受益[J].教学与管理，2011（07）：44.

[2] 肖华.贫困高中生纳入国家资助体系——让更多的学生受益[J].教学与管理，2011（7）：44.

之一，而后者则只将贫困作为唯一标准。其中，捡回珍珠计划设立从 2004 年，2007 年开始面向全国开办珍珠班，截至 2019 年 12 月，在全国 25 个省、自治区、直辖市 196 所合作校开办了 1379 个珍珠班，有 66727 名初高中生受益，规模十分庞大。中国扶贫基金会新长城项目部于 2007 年 9 月启动了新长城特困高中生自强班项目，截至 2017 年年底，十年期间项目累计覆盖 27 个省（自治区、直辖市），246 个县，在 274 所高中建立 554 个自强班，直接受益人次累计达 6.46 万，帮助 2.15 万余名高中生完成学业。

美国有一项帮助贫困高中生的资助计划——Gear Up（快速启动计划），该项计划是由联邦政府发起的教育创新项目，旨在为低收入家庭的学生上大学前的心理、学业、经济等各项准备提供资助。该项目有两种基本的合作模式，可以由政府牵头进行资助，也可以加入民间合作。学生联合社会其他参与者（形成团体）可以通过项目制的方式进行申请资助，因此没有明确的资助标准，资助金额也是灵活变动的。圆梦助学项目与美国 Gear Up 的申请方式有些类似，都是通过自主申请制。但在资助标准和资助主体上，Gear Up 具备更大的灵活性。由加利福尼亚圣荷塞州立大学牵头的"通向未来的护照"项目是该计划的一个典型的模式：从项目合作伙伴来看有八家，分别是圣荷塞州立大学、圣荷塞联合校区、圣荷塞城市学院、圣荷塞市、硅谷人力资源部、学院委员会、天主教年轻妇女协会（YWCA）、实业界 / 公司的学生；项目目标是实施的六年期限内，开发和利用社区教育资源，鼓励、帮助和支持三个低收入中学的 877 位 7 年级学生做好大学入学前的个性、学业和信息准备，从而获得通向大学未来的可靠护照；项目具备严格的方案和设计，每学期都会组织各方进行评估和反馈。项目的调查评估显示，877 名目标学生的学习动机明显加强，学业成绩显著提高，最终有90% 中学毕业生进入大学，其中52% 的学生有资格进入四年制大学。Gear Up 计划每年会吸引数以千计的学生、家长、教师、合作伙伴和大学专业人士加入，并通过国家快速启动周（National GEAR UP Week）的形式对项目成果进行展示。

还有一些由基金会提供的专项资助，例如，希腊 SNF 基金会从收入水平较低的社区和家庭中挑选学生提供专项资助，帮助他们到国外去学习。因为他们认为对中学阶段的学生来说，国际交流经验可以促进学业提升、产生积极的人生影响，促进专业人士的培养和学术界的发展。

较之国内外的资助项目，圆梦助学项目的特点十分明显。首先，学业成绩成为考量因素，但不是必要条件，追求原基础上的进步是该项目的目的；其次，圆梦助学项目采用的分层资助，将学生分为多个组别，每个组别的资助条件略有差异；最后，在结果评估上，圆梦助学项目致力于探索科学有效的助学模式，将科学公益落实在行动中，采用随机分组和有条件现金转移支付的方式开展资助。该项目进行中的问题识别、方案设计、效果验证等科学探究的过程也是主要任务之一，这是国内外其他项目不具备的。国内、国外资助项目比较如表 2-1 所示。

表 2-1　国内、国外资助项目比较

项目名称	资助对象范围	资助力度	评选标准	特点	项目目标
捡回珍珠计划	准高一新生	学费减免且资助 2500 元 /（人·年）	助优助困	受资助的学生又名"珍珠生"，组建珍珠班进行学习；还包含"品格教育""体验式活动""珍珠生成长夏令营""捐方激励演讲""社会实践游学"系列活动	帮助中国经济欠发达地区，家境相对困难、品学兼优的高中生能享受到公平而有质量的教育
新长城特困高中生自强班项目	建档立卡户家庭高中生	2000 元 /（人·年）	助困	资助贫困生，而没有考虑成绩；项目资助对象与项目县扶贫办建档立卡户进行了有效结合，更加精准地瞄准贫困家庭	圆贫困高中生上学梦，集中力量解决贫困地区的教育扶贫问题
Gear Up	初中、高中学生	视项目而定，包含奖学金计划、学业辅导、入学辅导等多项内容	助困	项目制申请，资助对象和资助金额都具备特殊性；每一个子项目都有明确目标	帮助低收入家庭学生提高学业成绩；提升高中毕业率，为其进入大学做好准备

续表

项目名称	资助对象范围	资助力度	评选标准	特点	项目目标
圆梦助学项目	以中西部地区高中贫困生为切入点，形成资助高中、大学、研究生、留学的四个关键阶段的全方位、一体化的贫困生助学体系	根据分组不同资助金额有所调整，实验组每学期资助1500元左右；对照组每学期50元	助困助优；助优主要表现在项目过程中考量学业成绩的变化	采用随机分组（Random Control Trail，RCT）和有条件现金转移支付（Conditional Cash Transfer，CCT）的方式，既是公益项目，又具备科学研究的特点	赋贫者以机会，助志者至卓越：给贫困地区的孩子提供更多的求学机会，改变贫困的命运。科学实践公益，提供政策参考：通过调查研究与数据分析，探寻和推广最有效的扶贫济困资助模式

第三章 项目成效的数据分析

第一节 项目整体数据分析

一、项目整体情况

2014 年圆梦助学计划共资助 268 人，2015 年共资助 490 人。2014 年与 2015 年的样本分组及激励方式一致：样本分为 A、B、C 三组。其中 A 组每学期资助 1500 元左右，要求被资助学子持续在校并且每学期期末保持成绩基本稳定；B 组每学期资助 1500 元左右，要求被资助学子持续在校并且每学期期末保持成绩稳步提高；C 组为对照组，每学期资助 50 元通信补贴（安慰剂作用）。如果 A 组、B 组的学生成绩变动不满足要求，在下一学期自动移入 C 组。

2016 年圆梦助学项目共资助 400 人。[1] 样本分为 A、B、C、D 四组。其中 A 组每年资助 3000 元左右，要求被资助学子持续在校并且每学期期末保持成绩基本稳定；B 组每年资助 3000 元左右，要求被资助学子持续在校并且每学期期末保持成绩稳步提高；C 组为对照组，每学期资助 50 元通信补贴（安慰剂作用）；D 组每年资助 3000 元左右，不要求被资助学生的成绩。资助款分学期发放，在每学期提交汇报表并通过审核后发放，每学期 1500 元左右。

但 2014 年、2015 年对 A 组、B 组、C 组样本的选择非随机，首先对学生的申请表进行筛选，确定最终接受资助的名单，被选中者随机进入 A 组或 B 组，剩下未被选中的学生进入 C 组。这就意味着对照组和实验组已经事先存在了某些方面的不同，进入实验组的学生可能家庭经济状况更差、成绩更好或是没有得到足够的第三方资助（这些是进行筛选的准则）。2016 年对样本的选择是先对申请者进行筛选，筛选过后的样本随机进入 A、B、C、D 四组，即实验组和对照组在操作层面上不存在不随机的问题。

各年份总人数及各个分组人数如表 3-1 所示。

表 3-1　总体情况分布　　　　　　　　单位：人

年份	A 组	B 组	C 组	D 组	总计
2014 年	68	67	133	0	268
2015 年	105	112	273	0	490
2016 年	80	80	161	79	400

---

[1]　这里的人数统计基于学生汇报表的填写人数，因此接受了项目资助但随即退出的人数没有统计在内（即只填写了申请表）。我们认为这部分人群没有参与到项目中。

2014 年 A、B、C 组的人数比例大约是 1∶1∶2；2015 年 A、B、C 组的人数比例大约是 1∶1∶2.5；2016 年 A、B、C、D 组的人数比例大约是 1∶1∶2∶1。综合来看，对照组 C 组的人数大约是实验组的 2 倍。

二、被资助学生属性特征

对圆梦助学项目 2014、圆梦助学项目 2015、圆梦助学项目 2016 样本的基本属性分组进行描述统计分析，包括样本来源地、性别、民族、户口类型信息。

（一）来源地

对 2014 年、2015 年、2016 年样本来源地分组进行统计，结果如表 3-2、表 3-3、表 3-4 所示。

表 3-2　2014 年样本来源地分布

来源地	人数 / 人			总计 / 人	占比 / %
	A 组	B 组	C 组		
安徽	2	2	3	7	2.61
甘肃	6	7	19	32	11.94
广西	1	1	2	4	1.49
贵州	1	0	0	1	0.37
河北	1	0	0	1	0.37
黑龙江	1	1	2	4	1.49
湖南	34	35	61	130	48.51

续表

来源地	人数 / 人			总计 / 人	占比 / %
	A 组	B 组	C 组		
吉林	0	1	1	2	0.75
宁夏	8	8	16	32	11.94
青海	2	1	4	7	2.61
陕西	2	1	5	8	2.99
四川	3	3	3	9	3.36
新疆	5	6	14	25	9.33
云南	2	1	3	6	2.24
合计				268	100

表 3-3　2015 年样本来源地分布

来源地	人数 / 人			总计 / 人	占比 / %
	A 组	B 组	C 组		
安徽	4	3	7	14	2.86
甘肃	4	5	15	24	4.90
广西	4	4	12	20	4.08
贵州	3	3	8	14	2.86
河北	4	3	10	17	3.47
河南	14	17	34	65	13.27
湖北	9	18	37	64	13.06
湖南	31	22	72	125	25.51
吉林	0	1	2	3	0.61
江西	10	7	16	33	6.73
内蒙古	1	1	3	5	1.02
宁夏	4	2	8	14	2.86

来源地	人数 / 人			总计 / 人	占比 / %
	A 组	B 组	C 组		
山东	0	1	1	2	0.41
山西	2	3	7	12	2.45
陕西	6	4	8	18	3.67
四川	1	1	3	5	1.02
新疆	0	1	2	3	0.61
云南	7	11	19	37	7.55
重庆	1	5	9	15	3.06
合计				490	100

表 3-4 2016 年样本来源地分布

来源地	人数 / 人				总计 / 人	占比 / %
	A 组	B 组	C 组	D 组		
甘肃	6	4	19	8	37	9.25
广西	6	7	8	6	27	6.75
贵州	4	7	11	4	26	6.50
河北	1	2	2	1	6	1.50
河南	11	10	19	8	48	12.00
湖北	6	7	10	6	29	7.25
湖南	8	8	16	7	39	9.75
吉林	2	0	1	1	4	1.00
江西	2	0	2	2	6	1.50
内蒙古	2	3	6	1	12	3.00
宁夏	3	2	8	2	15	3.75
青海	1	0	2	2	5	1.25

来源地	人数 / 人				总计 / 人	占比 / %
	A 组	B 组	C 组	D 组		
山西	4	3	10	4	21	5.25
陕西	5	2	6	3	16	4.00
四川	1	4	4	4	13	3.25
新疆	4	2	1	3	10	2.50
云南	8	12	26	13	59	14.75
重庆	6	7	10	4	27	6.75
合计					400	100

2014 年样本来源于 14 个省（自治区），2015 年样本来源于 19 个省（自治区），2016 年样本来源于 18 个省（自治区），从 2015 年起，资助范围在扩大。

从各地分布人数可以看出，2014 年的样本占比前四位为湖南、甘肃、宁夏、新疆，其中湖南占比为 48.51%；2015 年样本占比前四位为湖南、河南、湖北、云南，其中湖南占比为 25.51%；2016 年样本占比前四位为云南、河南、湖南、甘肃，其中云南占比为 14.75%。可以看出，2014 年、2015 年的样本分布集中在几个省（自治区），样本分布不均匀；2016 年样本分布在各地之间的差距变小。

（二）性别

分别对 2014 年、2015 年、2016 年样本的性别分组进行统计，结果如表 3-5、表 3-6、表 3-7 所示。

表 3-5　2014 年样本性别分布

性别	人数 / 人			总计 / 人	占比 / %
	A 组	B 组	C 组		
男	23	18	47	88	32.84
女	45	49	86	180	67.16

表 3-6　2015 年样本性别分布

性别	人数 / 人			总计 / 人	占比 / %
	A 组	B 组	C 组		
男	46	42	98	186	37.96
女	59	70	175	304	62.04

表 3-7　2016 年样本性别分布

性别	人数 / 人				总计 / 人	占比 / %
	A 组	B 组	C 组	D 组		
男	27	22	61	37	147	36.75
女	53	58	100	42	253	63.25

　　综合来看，接受资助的学子中女生的比例要大于男生，男女分布不均衡。

（三）民族

　　分别对 2014 年、2015 年、2016 年样本民族分组进行统计，结果如表 3-8、表 3-9、表 3-10 所示。

表 3-8　2014 年样本民族分布

民族	人数 / 人			总计 / 人	占比 / %
	A 组	B 组	C 组		
汉族	46	48	77	171	63.81
少数民族	21	19	52	92	34.33
未知	1	—	4	5	1.87

表 3-9　2015 年样本民族分布

民族	人数 / 人			总计 / 人	占比 / %
	A 组	B 组	C 组		
汉族	89	102	233	424	86.53
少数民族	16	10	40	66	13.47

表 3-10　2016 年样本民族分布

民族	人数 / 人				总计 / 人	占比 / %
	A 组	B 组	C 组	D 组		
汉族	59	59	105	53	276	69.00
少数民族	21	21	56	26	124	31.00

综合来看，2014 年接受资助的少数民族样本占比为 34.33%，2015 年接受资助的少数民族样本占比为 13.47%，2016 年接受资助的少数民族样本占比为 31.00%。可见，样本中存在一定比例的少数民族，但这也和样本的来源省（自治区）有关，湖南、新疆、宁夏、云南等地少数民族人口较多。

（四）户口类型

分别对 2014 年、2015 年、2016 年样本的户口类型分组进行统计，结果如表 3-11、表 3-12、表 3-13 所示。

表 3-11　2014 年样本户口类型分布

户口类型	人数 / 人			总计 / 人	占比 / %
	A 组	B 组	C 组		
农业	49	52	110	211	78.73
非农业	18	15	16	49	18.28
未知	1	—	7	8	2.99

表 3-12　2015 年样本户口类型分布

户口类型	人数 / 人			总计 / 人	占比 / %
	A 组	B 组	C 组		
农业	91	93	231	415	84.69
非农业	14	18	42	74	15.10
未知	—	1	—	1	0.20

表 3-13　2016 年样本户口类型分布

户口类型	人数 / 人				总计 / 人	占比 / %
	A 组	B 组	C 组	D 组		
农业	67	69	149	64	349	87.25
非农业	13	9	10	13	45	11.25
未知	0	2	2	2	6	1.50

综合来看，接受资助的农村学生占到大多数，并且接受资助的农村学生比例在逐年增大。

三、学生退出情况

由于项目的管理问题，或是 C 组的资助较少但却需要每学期进行汇报，或是 A 组、B 组的学生由于成绩下滑移入 C 组，或是学生由于成绩、家庭经济状况等因素选择辍学，学生会在 3 年的追踪调查中退出项目。样本流失会影响接下来的数据分析，因此，需要对样本退出的情况进行分析。2014 年、2015 年、2016 年样本退出情况如表 3-14、表 3-15、表 3-16 所示。

表 3-14　2014 年样本退出情况

比较类别	A 组	B 组	C 组	总计
总人数 / 人	68	67	133	268
退出人数 / 人	29	25	76	130
退出比例 / %	42.65	37.31	57.14	48.51

表 3-15　2015 年样本退出情况

比较类别	A 组	B 组	C 组	总计
总人数 / 人	105	112	273	490
退出人数 / 人	16	14	32	62
退出比例 / %	15.24	12.50	11.72	12.65

表 3-16　2016 年样本退出情况

比较类别	A 组	B 组	C 组	D 组	总计
总人数 / 人	80	80	161	79	400
退出人数 / 人	14	17	40	12	83
退出比例 / %	17.50	21.25	24.84	15.19	20.75

2014 年的样本流失情况非常严重，所有样本的流失率达到了 48.51%，C 组的流失率甚至达到了 57.14%。2015 年样本流失率最低，只有 12.65%，但 A 组的流失率最高，为 15.24%，这一结果不符合常理，按照常理来看，A 组成绩保持稳定的要求弱于 B 组成绩稳步提升，C 组没有获得资助，那么 B 组或 C 组流失率应该高于 A 组，这有可能是数据收集的问题。2016 年的流失率为 20.75%，C 组的流失率最高，不要求成绩的 D 组流失率最低，要求成绩稳步提高的 B 组流失率大于要求成绩稳定的 A 组。

由样本的流失率分析也可以看出，2014 年的流失率过高，2015 年的流失率不符合常理，不适合进行随机实验的分析。有效样本的流失会增加标准误，同时，过大的样本流失率和不符合常理的流失率都在某种程度上说明，项目的管理存在问题，可能是志愿者未对参与者进行有效管理，数据的收集质量在一定程度上也会被影响。2016 年各组的流失率差异并不大，并且通过与项目负责人的访谈可知，2016 年借鉴了 2014 年、2015 年的经验、吸取了相关教训，数据管理质量有了很大提升。

四、学子在校成绩及高考情况

（一）期末成绩变动情况

项目收集了样本学生每学期的班级、年级总人数及班级、年级排名。数据无法获知样本是否有换班级、学校的情况。在高中阶段，学生有可能因为成绩变动换班级，但换学校的情况几乎不存在，因此，我们使用学生的年级排名作为成绩分析的数据。

同时，我们对比了数据中中考成绩及每学期的期末成绩排名，多数样本中考成绩的年级人数、年级排名与进入高中后的期末成绩年级人数、年级排名差异较大，因此，分析中不使用中考成绩[1]，即未接受资助前的初始成绩，只关注在接受资助的五个学期里，成绩变动情况及各个实验组与对照组的差异。

由于年级人数的不同，年级人数不可直接进行比较。因此定义为

$$成绩 =1-（年级排名 / 年级总人数） \qquad （3-1）$$

排名越靠前且年级总人数越多，成绩越好。

对各组的成绩做均值处理。[2] 对比 2014 年、2015 年、2016 年不同分组下样本成绩的变动情况，结果如图 3-1、图 3-2、图 3-3 所示。

---

[1] 成绩指标使用的是在年级中的相对位次，由于中考的年级人数与之后高中期末成绩的年级人数差异较大，因此，中考的年级相对位次与高中期末成绩的相对位次不可比。即在计算指标里，总人数这一数据差异很大，计算的基数不同。在分析变化时，二者的数据不可比。

[2] 只处理有年级排名和年级总人数的样本。

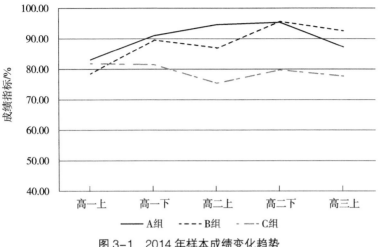

图 3-1 2014 年样本成绩变化趋势

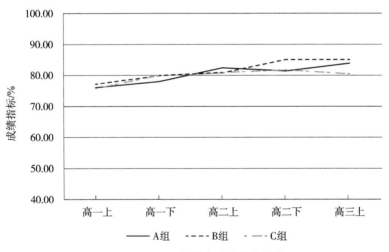

图 3-2 2015 年样本成绩变化趋势

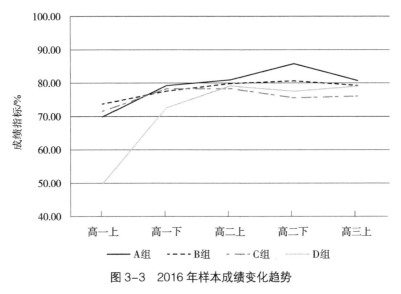

图 3-3 2016 年样本成绩变化趋势

（1）2014 年：从整个阶段来看，B 组成绩的上升最快。A 组、B 组在接受干预的初期（高一上—高一下）成绩变化最明显。实验组 C 组的成绩整体呈现下降的状态。可见，资助产生了效果，并且要求学生成绩稳步提高的干预措施对成绩的正向影响最明显。

（2）2015 年：从整个阶段来看，三组成绩均在上升，A 组、B 组成绩的上升幅度大于对照组 C 组。但资助产生的效果不明显。

（3）2016 年：从整个阶段来看，四组成绩均在上升。D 组上升最快，B 组上升最慢，对照组 C 组的上升幅度居于中间。四组的成绩都在高一上—高一下这一时期变化最明显。也就是在资助初期效果最为明显，资助的效果在后期逐渐减弱。由于实验组与对照组的差异不明显，无法从统计描述中看出资助的效果。

（二）高考录取情况

根据样本信息的收集情况，将高考录取学校分为五个档次："985"高校、"211"高校、本科一批院校、本科二批院校、本科三批及高职高专院校，分别对圆梦助学 2014、圆梦助学 2015、圆梦助学 2016 样本的录取学校类型分组进行统计，结果如表 3-17、表 3-18、表 3-19 所示。

表 3-17　2014 年样本录取院校类型分布

录取大学分类	人数 / 人			总计 1 / 人	占比 1 / %
	A 组	B 组	C 组		
"985" 高校	6	5	10	21	14.79
"211" 高校	7	5	10	22	15.49
本科第一批院校	11	8	15	34	23.94
本科第二批院校	11	12	19	42	29.58
本科第三批及高职高专院校	7	8	8	23	16.20
总计 2 / 人	42	38	62	142	—
总人数	68	57	133	268	—
占比 2 / %	61.76	56.72	46.62	52.99	—

注：总计 1，三个组录取总人数；总计 2，各类型院校录取总人数；占比 1，各层级高校录取人数占拥有高考录取情况总人数的比例（总计 1/142 人）；占比 2，各组拥有高考录取情况人数占各组资助人数的比例（总计 2/ 总人数）。

表 3-18 2015 年样本录取院校类型分布

录取大学分类	人数 / 人			总计 1 / 人	占比 1 / %
	A 组	B 组	C 组		
"985" 高校	5	11	24	40	14.71
"211" 高校	11	15	29	55	20.22
本科第一批院校	32	25	58	115	42.28
本科第二批院校	16	21	8	45	16.54
本科第三批及高职高专院校	3	6	8	17	6.25
总计 2 / 人	67	78	127	272	—
总人数	105	112	273	490	—
占比 2 / %	63.81	69.64	46.52	55.51	—

注：总计 1，三个组录取总人数；总计 2，各类型院校录取总人数；占比 1，各层级高校录取人数占拥有高考录取情况总人数比例（总计 1/272 人）；占比 2，各组拥有高考录取情况人数占各组资助人数比例（总计 2/ 总人数）。

表 3-19 2016 年样本录取院校类型分布

录取大学分类	人数 / 人				总计 1 / 人	占比 1 / %
	A 组	B 组	C 组	D 组		
"985" 高校	7	3	5	2	17	7.87
"211" 高校	4	5	13	7	29	13.43
本科第一批院校	7	14	29	19	69	31.94
本科第二批院校	26	16	27	15	84	38.89
本科第三批及高职高专院校	4	7	3	3	17	7.87
总计 2 / 人	48	45	77	46	216	—
总人数	80	80	161	79	400	—
占比 2 / %	60.00	56.25	47.83	58.23	54.00	—

注：总计 1，三个组录取总人数；总计 2，各类型院校录取总人数；占比 1，各层级高校录取人数占拥有高考录取情况总人数比例（总计 1/216 人）；占比 2，各组拥有高考录取情况人数占各组资助人数比例（总计 2/ 总人数）。

1. 分年份样本总体情况

2014 年 52.99% 的样本具有高考录取情况，2015 年 55.51% 的样本具有高考录取情况，2016 年 54.00% 的样本具有高考录取情况，可见，各年份的高考录取整体情况差异不大。

在有高考录取的样本中，2014 年 30.28% 的样本被录取到了"985"/"211"高校，2015 年 34.93% 的样本被录取到了"985"/"211"高校，2016 年 21.30% 的样本被录取到了"985"/"211"高校。2015 年的情况好于 2014 年，2016 年由于最初对样本的筛选不考虑成绩，初始成绩相比 2014 年、2015 年较差，因此最终的结果也不如 2014 年、2015 年。

在有高考录取的样本中，2014 年、2016 年被录取到第二批本科院校的情况占比最大（分别为 29.58%、38.89%），2015 年被录取到第一批本科院校的情况最多（42.48%）。

在录取到第三批本科院校及高职高专院校的样本中，2014 年的占比最大，达到 16.20%，甚至多于 2016 年（7.87%）。

总体来看，2015 年的录取结果最好。

2. 分年份样本分组情况

2014 年 A 组拥有高考录取情况的样本占比最大，A 组（61.76%）、B 组（56.72%）拥有高考录取情况的样本比例均高于均值（52.99%）；2015 年 B 组拥有高考录取情况的样本占比最大，A 组（63.81%）、B 组（69.64%）拥有高考录取情况的样本比例均高于均值（55.51%）；2016 年 A 组拥有高考录取情况的样本占比最大，A 组（60.00%）、B 组（56.25%）、D 组（58.23%）拥有高考录取情况的样本比例均高于均值（54.00%）；可见，无论在哪一年，未接受资助的 C 组的高考录取情况均不理想，说明接受资助可以提高学生的高考录取率。❶

使用单因素方差分析的方法可以检验各组之间的数据是否存在显著差异，并使用 Bartlett 检验来进行方差齐性检验，具体结果如表 3-20、表 3-21、表 3-22 所示。

表 3-20　2014 年高考录取情况单因素方差分析

类别	方差	自由度	均方差	F 值	P 值
组间方差	1.92	2	0.96	0.57	0.57
组内方差	234.71	140	1.68	—	—
总方差	236.63	142	1.67	—	—

表 3-21　2015 年高考录取情况单因素方差分析

类别	方差	自由度	均方差	F 值	P 值
组间方差	0.22	3	0.07	1.97	0.12
组内方差	12.26	322	0.04	—	—
总方差	12.48	325	0.04	—	—

---

❶　这里的结论只是描述统计的结果，这里用到的样本并不是所有参与项目的学生样本，而是填了高考信息的学生样本，因此与后面回归分析的结论存在差异，因为样本的选择不同。

表 3-22　2016 年高考录取情况单因素方差分析

类别	方差	自由度	均方差	F 值	P 值
组间方差	0.58	3	0.19	2.62	0.05
组内方差	16.86	228	0.07	—	—
总方差	17.44	231	0.08	—	—

从结果的 P 值可以看出，2014 年、2015 年各组的录取率并没有显著的差异，2016 年各组之间存在差异，通过事后两两比较可知，C 组的录取率在 10% 的水平上存在差异，即：接受无差别资助的样本的录取率在 10% 的水平上要显著高于未接受资助的样本。但这一结果只对填写高考信息的样本有效。

五、辍学

根据现有数据统计的情况，2014 年共有 2 名学生因为身体原因辍学，分别来自 A 组和 B 组；2015 年共有 2 名学生辍学，分别来自 A 组和 B 组；2016 年共有 5 名学生辍学（A 组、B 组、C 组各 1 人，D 组 2 人），2 名学生（均来自 C 组）因为家庭变故退出项目。

辍学样本量非常少，并且项目收集退出人员的信息较为困难，会出现部分因为身体状况、家庭经济状况辍学的学生在退出项目后无法收集到信息的情况。因此，已有的信息无法对各组的辍学情况进行分析，也无从判断资助是否降低了学生的辍学率。

第二节　2016 年项目——随机实验的数据分析

一、选择 2016 年数据作为随机实验分析的依据

如前所述，2014 年、2015 年的样本的选择在操作层面是非随机的，2016 年不考虑成绩因素，对 A、B、C、D 四组的分组在操作层面上是随机的，因此可以用来做随机实验的样本数据。同时，在这个实验过程中，样本流失严重，并且还存在中途换组的情况，而我们只关注接受资助的样本各方面指标的变化，因此，接下来的数据分析删除了流失和换组的样本。

二、描述统计

（一）总体情况概述

原有样本 400 人，分析样本 277 人（55.60%），进入分析的样本较原样本删除较多，但 277 人的样本量依旧可以进行数据分析，具体如表 3-23 所示。

表 3-23　分析样本和删除样本分布情况

对比类别	人数 / 人	退出或换组人数 / 人	删除比例 / %
A 组	49	31	63.27
B 组	55	25	45.45

对比类别	人数 / 人	退出或换组人数 / 人	删除比例 / %
C 组	104	57	54.81
D 组	69	10	14.49
总计	277	123	44.40

对比各组的情况，A 组、B 组、C 组的删除比例大于均值，D 组的删除比例最小，可见，设置条件的实验组以及没有物质激励的对照组的流失情况会更为严重。

这里与表 3-16 的数据有所差异，原因在于表 3-16 根据退出学子填写的统计表的情况进行了统计。但表 3-20 则是根据汇总的报表中是否有完整的高一——高三成绩进行统计，并删除了换组的样本。其中会出现两种情况：学子没有填写退出表，但高一——高三的信息缺失，因此，在后续的分析数据中删除；学子填写了退出表，但实际高一——高三的信息完整，因此，在后续的数据分析中保留。

（二）初始成绩（中考成绩）分布

在未接受资助前，样本是否有差异，在收集到的数据中，中考成绩是衡量的重要标准。但不同省（自治区）的高考成绩没有可比性，样本中考成绩的年级排名和后续的期末成绩排名差异较大（很多前后年级人数都不一致），因此，为了更好地比较各组中考成绩的差异，我们以市为单位，计算每个样本的中考标准分。首先，筛选出在同一城市的样本，计算这些样本的均值和标准差。中考标准分 =（中考成绩 – 均值）/ 标准差。没有中考成绩的学生不计算在内。同时，我们既关注各组的中考标准分分布，也考虑接受资助的实验组整体（A 组、B 组、D 组）与对照组（C 组）中考标准分分布，之后几项指标统计分类相同，具体如表 3-24 所示。

表 3-24　各组样本中考标准分分布

对比类别	中考标准分（均值）	标准差
A 组	0.181 3	0.999
B 组	0.136 6	0.757 6
C 组	0.110 8	0.687 4
D 组	0.019 9	0.825 3
实验组	0.104 1	0.859 2
对照组	0.110 8	0.687 4
总体	0.106 6	0.798 9

对比各组的情况，各个组别的中考标准分存在差异，初始分组不平衡。其中 A 组的中考标准分最高，这也可以解释为什么 A 组的流失或换组情况最严重，初始成绩高，在后期保持成绩稳定的难度大。而对照组的中考标准分也高于实验组，没有资助条件的实验组 D 组的成绩则低于总体的平均值，后期如果成绩较低，可能是学生能力的原因，而非资助未发挥作用。

（三）每学期期末成绩排名分布

由于样本所在的地区与学校不同，学校人数不同，期末排名不能直接对比。对期末排名进行比例处理，比较学生期末成绩的相对位置。期末成绩 =［1-（年级排名 / 年级总人数）］×100%，成绩越好且年级总人数越多，排名越靠前。由于样本大多数都拥有期末成绩的数据，不再统计人数。各组样本期末成绩分布如表 3-25 所示。

表 3-25　各组样本期末成绩分布　　　　　单位：%

对比类别	A 组	B 组	C 组	D 组	实验组	对照组	总体
高一上	70.45	76.10	70.86	70.36	72.14	70.86	71.68
高一下	82.62	77.36	78.03	75.62	78.25	78.03	78.17
高二上	82.17	83.47	79.05	79.85	81.66	79.05	80.69
高二下	85.03	83.07	80.95	78.37	81.70	80.95	81.42
高三上	80.10	83.24	80.85	79.11	80.56	80.85	80.66

从图 3-4 可知，高一上学期，B 组的成绩高于其他组。在高一上—高一下学期，A、C、D 组的成绩进步最大，在高一下—高二上学期，B 组的成绩进步最大。对照组的成绩变化大于实验组，无法说明资助有助于学生平时成绩进步。

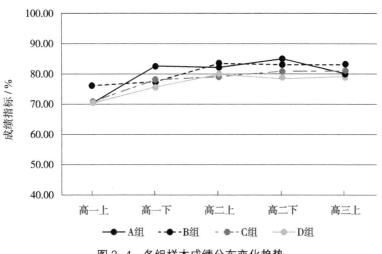

图 3-4　各组样本成绩分布变化趋势

（四）高考成绩位次分布

除了高中阶段期末成绩的变化外，学生的学习状况最终通过高考反映了出来。但由于各种原因，项目没有获得全部学生的高考成绩。

与中考成绩的情况类似，我们需要对高考成绩进行处理。由于高考成绩以省为单位，并且参照 2019 年公布的各省成绩的一分一段表，可以获得学生高考成绩的位次及该省的考生总人数。高考情况分布如表 3-26 所示。

定义为

$$高考成绩标准化 = 1 - 高考排名 / 高考所在省总人数 \quad （3-2）$$

表 3-26　高考情况分布

对比类别	A 组	B 组	C 组	D 组	实验组	对照组	总体
高考成绩标准化	29	30	66	46	105	66	171
总人数 / 人	49	55	104	69	173	104	277
比例 / %	59.18	54.55	63.46	66.67	60.69	63.46	61.73
高考成绩	0.729 3	0.712 4	0.759 9	0.716 4	0.718 8	0.759 9	0.734 7

从拥有高考成绩的人数来看，A 组、B 组拥有高考成绩的人数比例较低，实验组拥有高考成绩的人数比例也低于对照组。

从高考成绩来看，C 组的高考成绩高于其他各组，对照组的高考成绩也高于实验组，因此，从高考成绩这一维度，我们无法说明资助有利于提高学生的高考成绩。

三、计量回归分析

以上的各项描述均为统计情况，我们还需要通过计量回归分析来验证各个分组在学生成绩的表现上是否均衡。对照组 C 组成绩表现较好有可能是因为 C 组样本本身能力较强、家庭收入较高、父母受教育程度较高等因素。

（一）控制变量描述

根据数据的可得情况，回归分析中控制影响学生成绩的内生性因素如表 3-27 所示。

表 3-27　控制变量

变量	变量类型	变量说明	备注
性别	分类变量	男、女	
民族	分类变量	汉族、少数民族	
户口	分类变量	农业、非农业	
户籍地	分类变量	云南、内蒙古、吉林、四川、宁夏、山西、广西、新疆、江西、河北、河南、湖北、湖南、甘肃、贵州、重庆、山西、青海	
电脑使用情况	分类变量	完全不会、掌握简单操作、需要在别人帮助下使用、非常熟练	
高中类别	分类变量	省重点、市重点、普通高中	
父亲职业	分类变量	务农、打工、企事业单位、无业、自雇及其他	将原有的职业分类进行了整合
母亲职业	分类变量	务农、打工、企事业单位、无业、自雇及其他	将原有的职业分类进行了整合

变量	变量类型	变量说明	备注
分科	分类变量	文科、理科	属于资助后变量，随机分析不控制
家庭年收入	连续变量		
家庭年支出	连续变量		
中考标准分	连续变量		以市为单位进行标准化处理

（二）删除数据随机性验证

2016 年的样本进行了删除数据的处理。删除数据的合理性可以通过验证删除的样本与保留的样本在资助前的变量上是否存在显著的不同。如果保留样本与删除样本在各变量上没有存在显著的不同，可以认为删除的样本与保留的样本不存在系统性差异，即使删除，也不会对结果产生影响。

建立回归模型为

$$Y = \beta_0 + \beta_1 \text{Control} + \mu \qquad (3\text{-}3)$$

方程采用 Logit 回归模型，因变量为样本是否删除（$Y=1$ 为删除，$Y=0$ 为未删除），Control 为控制变量，包括资助前的性别、民族、户口等前述控制变量。方程对全部样本和各组样本分别进行分析。在该方程中，β_1 系数是在各个控制变量上，删除样本和未删除样本的差异，β_0 为常数项，μ 为随机扰动项。

具体回归结果表 3-28 所示。

表3-28　删除样本与保留样本随机化验证

变量	（1）全部样本	（2）A组	（3）B组	（4）C组	（5）D组
性别	−0.085 3 （0.373）	−1.251 （0.826）	1.476* （0.758）	−0.707 （0.951）	0.795 （1.723）
民族	0.061 0 （0.084 6）	0.217 （0.173）	0.044 7 （0.202）	−0.050 1 （0.161）	−0.157 （0.480）
户口	−0.214 （0.553）	0.971 （1.389）	−1.307 （1.006）	2.548 （1.912）	0.830 （2.227）
户籍地	0.055 7 （0.035 6）	0.067 2 （0.078 0）	0.067 1 （0.079 1）	0.026 0 （0.085 6）	0.042 7 （0.166）
电脑使用情况	−0.533* （0.293）	−0.682 （0.635）	−1.336** （0.627）	0.068 3 （0.630）	−0.715 （1.809）
高中类别	0.151 （0.235）	0.772 （0.665）	−0.325 （0.489）	−0.052 2 （0.522）	0.540 （1.019）
父亲职业	0.034 5 （0.105）	0.209 （0.217）	−0.001 08 （0.223）	−0.160 （0.290）	0.425 （0.387）
母亲职业	0.072 9 （0.094 0）	−0.201 （0.209）	0.092 4 （0.205）	0.064 5 （0.266）	a
家庭年收入	7.70×10^{-6} （9.79×10^{-6}）	2.47×10^{-5} （3.26×10^{-5}）	-3.15×10^{-9} （2.65×10^{-5}）	2.87×10^{-5} （2.58×10^{-5}）	6.87×10^{-5} （7.88×10^{-5}）
家庭年支出	6.99×10^{-6} （6.55×10^{-6}）	-2.79×10^{-6} （2.14×10^{-5}）	1.31×10^{-5} （1.71×10^{-5}）	3.79×10^{-6} （1.50×10^{-5}）	-5.96×10^{-5} （8.54×10^{-5}）
中考标准分	−0.161 （0.225）	−0.293 （0.503）	−0.443 （0.587）	0.079 （0.545）	0.768 （1.166）
常量	−2.337 （1.895）	−5.341 （4.445）	1.781 （4.065）	−6.498 （4.424）	−7.862 （10.57）
观测值	236	55	54	83	46

注：括号中数字是标准误。

***代表p<0.01，**代表p<0.05，*代表p<0.10。

a：D组中父亲职业与母亲职业具有共线性，因此在做Logit回归分析时只控制了父亲职业。

从表 3-28 的结果可以看出，对于全部的样本来说，被保留的样本电脑使用的熟练程度更差；对于 B 组而言，B 组被保留的样本电脑使用的熟练程度更差，同时，被保留的样本中女生更多。

圆梦助学项目评估的是接受资助是否会影响到学生的成绩表现，电脑使用情况对学生成绩的影响并不是主要的原因。性别对成绩存在影响，但由于 B 组的样本只有 54 人，其中删除样本 22 人，这一样本量过少，会很容易出现差异显著的情况。因此，我们可以基本认为，删除的样本与保留的样本在可能影响成绩的控制变量上，没有存在显著差异，可以对全样本进行删除的处理。

（三）分组随机性检验

检验各组以及实验组对照组在影响学生成绩的内生性因素上是否存在差异。

建立回归模型为

$$Y_k = \beta_0 + \beta_1 \text{Control} + \mu \tag{3-4}$$

$$Y_j = \beta_0' + \beta_1' \text{Control} + \mu' \tag{3-5}$$

方程（3-4）采用 mLogit 模型，方程（3-5）采用 Logit 模型。其中，Y_k 为分类变量，代表样本的组别（A、B、C、D）；Y_j 为二元变量，代表样本是否在实验组（是 =1，否 =0）；Control 为控制变量，包括资助前的性别、民族、户口等前述控制变量；β_1 系数是在各个控制变量上，A、B、C、D 四组样本的差异；β_1' 系数是在各个控制变量上，实验组和对照组两组样本的差异；β_0、β_0' 为常数项，μ、μ' 为随机扰动项。

具体回归结果如表 3-29 所示。

表 3-29　分组随机化验证

变量	A 组	B 组	C 组、D 组	是否在实验组
性别	0.006 28 （0.399）	−0.555 （0.428）	0.229 （0.366）	−0.073 3 （0.298）
民族	0.217 （0.433）	0.037 2 （0.424）	0.001 05 （0.389）	0.102 （0.312）
户口	1.493** （0.641）	1.409** （0.640）	1.419** （0.600）	1.427*** （0.513）
户籍省份	0.022 4 （0.038 9）	0.019 2 （0.038 5）	0.001 14 （0.035 2）	0.013 8 （0.028 2）
电脑使用情况	−0.099 5 （0.297）	−0.313 （0.304）	0.034 7 （0.275）	−0.114 （0.219）
高中类别	0.069 3 （0.253）	0.391 （0.266）	0.031 5 （0.232）	0.134 （0.188）
父亲职业	−0.036 8 （0.161）	−0.117 （0.159）	0.067 7 （0.155）	−0.025 4 （0.121）
母亲职业	−0.202 （0.204）	−0.239 （0.207）	−0.217 （0.196）	−0.215 （0.152）
家庭年收入	1.21×10^{-6} （1.25×10^{-5}）	1.82×10^{-5} （1.30×10^{-5}）	2.57×10^{-5}* （1.33×10^{-5}）	1.30×10^{-5} （9.07×10^{-6}）
家庭年支出	-1.30×10^{-6} （3.71×10^{-6}）	-7.92×10^{-6} （7.57×10^{-6}）	-1.71×10^{-5}* （9.84×10^{-6}）	-5.66×10^{-6} （3.83×10^{-6}）
中考标准分	0.084 0 （0.255）	0.106 （0.261）	−0.225 （0.245）	−0.049 7 （0.189）
常量	−3.797* （2.248）	−2.628 （2.295）	−3.824* （2.047）	−2.333 （1.688）
观测值	234	234	234	234

注：括号内数字是标准误。

*** 代表 $p<0.01$，** 代表 $p<0.05$，代表 * $p<0.1$。

从表 3-29 的结果可以看出，分组的情况基本平衡。对于分四组的情况来看，户口的情况不平衡，A 组、B 组、D 组农村户口的比例小于 C 组，D 组家庭年收入在 10% 的水平上显著大于 C 组，D 组家庭年支出在 5% 的水平上显著小于 C 组，B 组与 C 组的母亲职业状况在 10% 的水平上有显著差异，D 组的中考成绩在 10% 的水平上要低于 C 组。

对于分两组的情况来看。户口的情况不平衡。对照组的农村户口比例大于实验组。由于农村户口比例非常大，因此，在户口方面的分组不平衡对整体样本的分组平衡状况影响不大。分组基本通过随机化验证。

（四）成绩变化趋势检验

$$Y_a = \beta_0 + \beta_1 \text{Treatment}_1 + \beta_2 \text{Control} + \mu \qquad （3-6）$$

$$Y_a = \beta_0' + \beta_1' \text{Treatment}_2 + \beta_2' \text{Control} + \mu' \qquad （3-7）$$

方程（3-6）、方程（3-7）采用 OLS 回归模型。其中 Y_a 为样本高三（上）期末成绩年级排名与高一（上）期末成绩排名之差；Control 为控制变量，包括资助前的性别、民族、户口等前述控制变量；Treatment_1 为分四组（A、B、C、D）的分组方式，Treatment_2 为分两组（实验组和对照组）的分组方式；β_1 系数与 β_1' 系数是该部分关注的重点，代表在分四组和分两组的情况下，各个组别在期末成绩排名上的差异，各个控制变量上，A、B、C、D 四组样本的差异；β_2 系数与 β_2' 系数代表在各个控制变量上，分四组和分两组的差异；β_0、β_0' 为常数项，μ、μ' 为随机扰动项。

具体回归结果如表 3-30 所示。

表 3-30 成绩排名变化差异性分析

变量	成绩排名变化（分四组，控制影响分组变量）	成绩排名变化（分四组，控制所有变量）	成绩变化排名（分两组，控制影响分组变量）	成绩变化排名（分两组，控制所有变量）
A	0.019 2 （0.040 6）	−0.035 4 （0.040 9）	—	—
B	−0.031 1 （0.041 1）	−0.029 0 （0.041 4）	—	—
D	0.009 01 （0.037 0）	−0.020 0 （0.037 9）	—	—
性别	—	0.002 54 （0.031 3）	—	0.002 98 （0.030 8）
民族	—	−0.010 7 （0.033 5）	—	−0.010 3 （0.032 9）
户口	0.066 2 （0.041 9）	0.057 5 （0.049 1）	0.074 4* （0.042 1）	0.057 9 （0.048 4）
户籍地	—	0.000 717 （0.003 03）	—	0.000 561 （0.002 97）
电脑使用情况	—	−0.004 27 （0.024 2）	—	−0.004 75 （0.024 0）
高中类别	—	−0.036 8* （0.019 5）	—	−0.036 5* （0.019 3）
父亲职业	—	−0.004 40 （0.013 0）	—	−0.004 36 （0.012 7）
母亲职业	—	−0.026 7* （0.015 5）	—	−0.027 1* （0.015 2）
分科	—	−0.230*** （0.033 7）	—	−0.230*** （0.033 4）

续表

变量	成绩变化排名（分四组，控制影响分组变量）	成绩变化排名（分四组，控制所有变量）	成绩变化排名（分两组，控制影响分组变量）	成绩变化排名（分两组，控制所有变量）
家庭年收入	1.07×10^{-6} (9.42×10^{-7})	5.38×10^{-7} (1.06×10^{-6})	—	6.03×10^{-7} (1.03×10^{-6})
家庭年支出	-7.87×10^{-7} (5.02×10^{-7})	-3.93×10^{-7} (4.97×10^{-7})	—	-4.18×10^{-7} (4.88×10^{-7})
中考标准分	—	$-0.000\,216$ $(0.019\,8)$	—	$-0.001\,61$ $(0.019\,2)$
是否在实验组	—	—	$-0.006\,61$ $(0.030\,6)$	$-0.027\,5$ $(0.029\,9)$
常量	$-0.060\,0$ $(0.092\,2)$	0.528^{***} (0.187)	$-0.070\,0$ $(0.088\,8)$	0.527^{***} (0.185)
观测值	192	132	195	132
R^2	0.034	0.346	0.016	0.345

注：括号内数字代表标准误。

***代表 $p<0.01$，**代表 $p<0.05$，*代表 $p<0.1$。

从表 3-30 的结果可以看出，无论哪种分组情况，各组在期末成绩排名的变化上均无差异，资助并没有显著提高学生的成绩。而仅从系数来看，实验组的成绩提高程度要低于对照组，不过这一结果在统计学意义上不显著。

（五）高考成绩检验

$$Y_b = \beta_0 + \beta_1 Treatment_1 + \beta_2 Control + \mu \qquad (3-8)$$

$$Y_b = \beta_0' + \beta_1' Treatment_2 + \beta_2' Control + \mu' \qquad (3-9)$$

方程（3-8）、（3-9）采用 OLS 回归模型。其中 Y_b 为样本高考成绩；Control 为控制变量，包括资助前的性别、民族、户口等前述控制变量；$Treatment_1$ 为分四组（A、B、C、D）的分组方式，$Treatment_2$ 为分两组（实验组和对照组）的分组方式；β_1 系数与 β_1' 系数是该部分关注的重点，代表在分四组和分两组的情况下，各个组别在高考成绩上的差异，各个控制变量上，A、B、C、D 四组样本的差异；β_2 系数与 β_2' 系数代表在各个控制变量上，分四组和分两组的差异；β_0、β_0' 为常数项，μ、μ' 为随机扰动项。

具体回归结果如表 3-31 所示。

表 3-31　高考成绩变化差异性分析

变量	高考成绩（分四组，控制影响分组变量）	高考成绩（分四组，控制所有变量）	高考成绩（分两组，控制影响分组变量）	高考成绩（分两组，控制所有变量）
A 组	-0.057 4 （0.051 0）	-0.060 9 （0.048 9）	—	—
B 组	-0.078 9 （0.050 0）	-0.027 6 （0.049 8）	—	—
D 组	-0.062 9 （0.043 6）	-0.061 2 （0.043 9）	—	—
性别	—	0.037 6 （0.035 7）	—	0.035 8 （0.035 4）
民族	—	0.103*** （0.038 8）	—	0.100*** （0.038 4）
户口	0.145** （0.059 3）	0.106 （0.066 7）	0.149** （0.057 3）	0.111* （0.065 7）

续表

变量	高考成绩（分四组，控制影响分组变量）	高考成绩（分四组，控制所有变量）	高考成绩（分两组，控制影响分组变量）	高考成绩（分两组，控制所有变量）
户籍地	—	−0.002 03 （0.003 55）	—	−0.001 81 （0.003 47）
电脑使用情况	—	0.006 27 （0.027 3）	—	0.006 36 （0.027 1）
高中类别	—	−0.051 5** （0.023 0）	—	−0.050 0** （0.022 7）
父亲职业	—	−0.016 2 （0.015 7）	—	−0.017 9 （0.015 4）
母亲职业	—	−0.017 6 （0.018 5）	—	−0.018 6 （0.018 4）
分科	—	−0.079 8** （0.039 3）	—	−0.079 1** （0.039 1）
家庭年收入	8.84×10^{-7} （1.05×10^{-6}）	-1.63×10^{-7} （$1.10e \times 10^{-6}$）	—	-1.84×10^{-7} （1.08×10^{-6}）
家庭年支出	-7.43×10^{-9} （3.37×10^{-7}）	2.40×10^{-7} （3.27×10^{-7}）	—	2.38×10^{-7} （3.22×10^{-7}）
中考标准分	—	0.030 2 （0.024 0）	—	0.031 0 （0.023 5）
是否在实验组	—	—	−0.055 0 （0.035 6）	−0.052 0 （0.034 9）
常量	0.452*** （0.124）	0.668*** （0.221）	0.457*** （0.120）	0.667*** （0.220）
观测值	168	154	171	154
R^2	0.056	0.206	0.046	0.203

注：括号内数字是标准误。

***代表 $p<0.01$，**代表 $p<0.05$，*代表 $p<0.1$。

从表 3-31 的结果可以看出，无论哪种分组情况，各组在高考成绩上均无差异，资助并没有显著提高学生的高考成绩。而仅从系数来看，实验组的高考成绩要低于对照组，不过这一结果在统计学意义上不显著。

（六）高考录取率检验

除了关注学生是否有被大学录取外，也关注被录取大学的质量。被录取大学的质量与高考分数有着密切关系，但农村地区的贫困学生由于存在着严重的信息不对称问题，所以会出现高分低报的现象。因此，我们将高考录取学校的层级也作为衡量指标之一。

$$Y_c = \beta_0 + \beta_1 \text{Treatment}_1 + \beta_2 \text{Control} + \mu \qquad （3-10）$$

$$Y_c = \beta_0' + \beta_1' \text{Treatment}_2 + \beta_2' \text{Control} + \mu' \qquad （3-11）$$

方程（3-10）、方程（3-11）采用 Logit 模型。其中 Y_c 为样本是否被高校录取（$Y_c=1$ 为录取，$Y_c=0$ 为未录取）；Control 为控制变量，包括资助前的性别、民族、户口等前述控制变量；Treatment_1 为分四组（A、B、C、D）的分组方式，Treatment_2 为分两组（实验组和对照组）的分组方式；β_1 系数与 β_1' 系数是该部分关注的重点，代表在分四组和分两组的情况下，各个组别在高考成绩上的差异，各个控制变量上，A、B、C、D 四组样本的差异；β_2 系数与 β_2' 系数代表在各个控制变量上，分四组和分两组的差异；β_0、β_0' 为常数项，μ、μ' 为随机扰动项。

具体回归结果如表 3-32 所示。

表 3-32　高考录取率差异性分析

变量	是否有高考录取院校（分四组，控制影响分组变量）	是否有高考录取院校（分四组，控制所有变量）	是否有高考录取院校（分两组，控制影响分组变量）	是否有高考录取院校（分两组，控制所有变量）
A 组	−0.411（0.383）	−1.080（1.578）	—	—
B 组	−0.403（0.371）	−0.983（1.596）	—	—
D 组	−0.358（0.347）	−2.652**（1.302）	—	—
性别	—	0.686（0.891）	—	0.395（0.851）
民族	—	0.395（0.874）	—	0.110（0.855）
户口	0.829**（0.405）	2.054（1.568）	0.848**（0.402）	2.274（1.617）
户籍地	—	0.077 2（0.087 5）	—	0.085 7（0.081 6）
电脑使用情况	—	0.472（0.738）	—	0.462（0.670）
高中类别	—	−1.077（0.669）	—	−0.995（0.691）
父亲职业	—	−0.270（0.422）	—	−0.317（0.416）
母亲职业	—	0.078 6（0.513）	—	0.084 4（0.520）
分科	—	0.205（0.793）	—	0.108（0.782）
家庭年收入	-6.75×10^{-6}（9.33×10^{-6}）	-9.22×10^{-5}**（4.35×10^{-5}）	—	-9.44×10^{-5}**（4.34×10^{-5}）

续表

变量	是否有高考录取院校（分四组，控制影响分组变量）	是否有高考录取院校（分四组，控制所有变量）	是否有高考录取院校（分两组，控制影响分组变量）	是否有高考录取院校（分两组，控制所有变量）
家庭年支出	1.13×10^{-5} (6.97×10^{-6})	8.90×10^{-5}* (4.69×10^{-5})	—	8.52×10^{-5}* (4.59×10^{-5})
中考标准分	—	−0.244 (0.636)	—	−0.063 9 (0.617)
是否在实验组	—	—	−0.368 (0.277)	−1.874 (1.198)
常量	−1.106 (0.875)	0.109 (5.447)	−0.932 (0.835)	0.640 (5.237)
观测量	258	162	261	162

注：括号内数字是标准误。

*** 代表 $p<0.01$，** 代表 $p<0.05$，* 代表 $p<0.1$。

从表 3-32 的结果可以得到，仅从系数来看，对照组的录取率均大于实验组，在加入全部控制变量后，D 组的录取率在 5% 的水平上要显著低于对照组 C 组，其他的结果均不显著。也就是说，从某种程度上，资助并没有提高学生的高考录取率，甚至对学生没有成绩要求的资助（D 组）会使学生的高考录取率降低。

（七）高考录取学校层级检验

$$Y_d = \beta_0 + \beta_1 \text{Treatment}_1 + \beta_2 \text{Control} + \mu \qquad (3\text{-}12)$$

$$Y_d = \beta_0' + \beta_1' \text{Treatment}_2 + \beta_2' \text{Control} + \mu' \qquad (3\text{-}13)$$

方程（3-12）、方程（3-13）采用 OLS 回归模型。其中 Y_d 为样本高校录取情况（Y_d=0，没有录取信息；Y_d=1，录取院校为专科；Y_d=2，录取院校为第二批本科院校；Y_d=3，录取院校为第一批本科院校；Y_d=4，录取院校为"211"高校；Y_d=5，录取院校为"985"高校），将 Y_d 处理为连续变量，数值越大，意味着录取情况越好；Control 为控制变量，包括资助前的性别、民族、户口等前述控制变量；$Treatment_1$ 为分四组（A、B、C、D）的分组方式，$Treatment_2$ 为分两组（实验组和对照组）的分组方式；β_1 系数与 β_1' 系数是该部分关注的重点，代表在分四组和分两组的情况下，各个组别在高考成绩上的差异，各个控制变量上，A、B、C、D 四组样本的差异；β_2 系数与 β_2' 系数代表在各个控制变量上，分四组和分两组的差异；β_0、β_0' 为常数项，μ、μ' 为随机扰动项。

具体回归结果如表 3-33 所示。

表 3-33　高考录取学校层级差异性分析

变量	高考录取院校层级（分四组，控制影响分组变量）	高考录取院校层级（分四组，控制所有变量）	高考录取院校层级（分两组，控制影响分组变量）	高考录取院校层级（分两组，控制所有变量）
A 组	−0.328 （0.283）	−0.144 （0.260）	—	—
B 组	−0.327 （0.276）	0.0 600 （0.265）	—	—
D 组	−0.368 （0.257）	−0.534** （0.238）	—	—
性别	—	0.312 （0.192）	—	0.271 （0.192）

变量	高考录取院校层级（分四组，控制影响分组变量）	高考录取院校层级（分四组，控制所有变量）	高考录取院校层级（分两组，控制影响分组变量）	高考录取院校层级（分两组，控制所有变量）
民族	—	0.080 7 （0.205）	—	0.058 3 （0.207）
户口	0.897*** （0.279）	0.599* （0.312）	0.900*** （0.273）	0.646** （0.313）
户籍地	—	−0.006 27 （0.019 4）	—	0.000 299 （0.019 3）
电脑使用情况	—	0.045 1 （0.150）	—	0.055 6 （0.151）
高中类别	—	−0.318*** （0.120）	—	−0.310** （0.121）
父亲职业	—	−0.019 3 （0.083 5）	—	−0.038 0 （0.083 4）
母亲职业	—	0.033 2 （0.097 1）	—	0.024 2 （0.097 6）
分科	—	0.416** （0.207）	—	0.434** （0.209）
家庭年收入	5.03×10^{-7} （5.85×10^{-6}）	-6.64×10^{-6} （5.63×10^{-6}）	—	-7.79×10^{-6} （5.63×10^{-6}）
家庭年支出	2.98×10^{-6} （2.27×10^{-6}）	2.92×10^{-6} （1.79×10^{-6}）	—	3.21×10^{-6}* （1.80×10^{-6}）
中考标准分	—	0.187 （0.122）	—	0.230* （0.120）
是否在实验组	—	—	−0.338* （0.204）	−0.245 （0.192）
常量	0.044 3 （0.609）	0.986 （1.160）	0.160 （0.575）	0.952 （1.170）
观测值	258	162	261	162

变量	高考录取院校层级（分四组，控制影响分组变量）	高考录取院校层级（分四组，控制所有变量）	高考录取院校层级（分两组，控制影响分组变量）	高考录取院校层级（分两组，控制所有变量）
R^2	0.054	0.212	0.045	0.187

注：括号内数字是标准误。

*** 代表 $p<0.01$，** 代表 $p<0.05$，* 代表 $p<0.1$。

从表 3-33 的结果可以得到，仅从系数来看，对照组的录取情况优于实验组。D 组在加入全部控制变量后，录取情况在 5% 的水平上差于对照组；在仅加入影响分组的控制变量时，实验组的录取情况在 10% 的水平上比对照组差。其他的结果均不显著。也就是说，从某种程度上，资助也没有提高学生的高考录取情况，接受资助，尤其是接受了对成绩没有要求的资助的学生，录取情况更差。

四、小结

由统计描述和回归分析的结果可以知道，无论是平时的期末成绩变化，还是可以更好衡量学生成绩的高考成绩，从最终的录取结果来看，是否有资助、哪种形式的资助与学生的学业表现都没有产生正向的显著关联。

所以，资助到底为什么没有对学业表现带来正向的影响？资助在其他方面是否产生了作用？现有的数据并不能给我们更多的回答，我们需要进行一些质性研究，比如通过访谈去解答这些问题。

第四章 项目的访谈研究

第一节 访谈对象的选择

依据项目年份，初步按照每一年份联系 9 位访谈对象，同时根据访谈问题，有针对性地确定访谈对象。每一年份的 9 位访谈对象当中，包含至少一位依据问题选择的对象，以确保对象选择典型性和可研究性。例如，为探究分组带来的影响，尽可能保证访谈对象组别上的均衡；探究学子的退出情况，包含每一级的退出学子；探究学业变化情况，保证样本中的学子包含学习成绩上升、稳定、退步三种情况；探究学子的大学受资助情况，访谈对象就读院校包括"985"高校、"211"高校、普通本科、高职高专院校四种情况。由于部分学子无法联系到或没有合适的访谈时间，或部分退出学子不愿接受访谈，最终共选取访谈对象 31 人，其中包含老圆梦助学的 6

人，2014 年圆梦助学的 7 人，2015 年圆梦助学的 9 人，2016 年圆梦助学的 9 人。依据访谈对象选择依据，访谈对象最终分布如下。❶

（1）项目年份。考虑到每一年圆梦助学项目都有调整，因此，在选择样本的时候尽可能使各个年份的人数均匀分布，具体如图 4-1 所示。

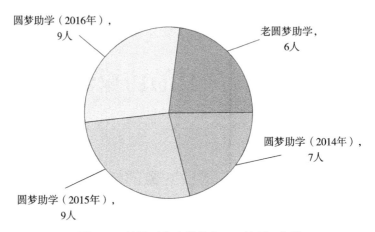

图 4-1　访谈对象人数分布——按项目年份

（2）分组。在 2014—2016 年圆梦助学项目的 25 人中，共选取 A 组 9 人、B 组 8 人、C 组 7 人、D 组 1 人（D 组属于后期加入组别，因此人数较少），具体如图 4-2 所示。

------

❶ 访谈对象具体情况见附录。

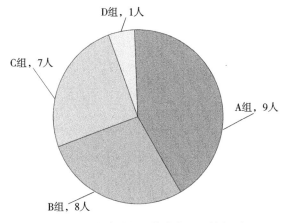

图 4-2 访谈对象人数分布——按组别

（3）家庭情况。尽管加入的学生家庭都较为困难，但依然存在其中部分家庭父母受教育程度较高、家庭收入较高或家庭收入极低的情况，关注到学生的这些特点也有利于我们进一步深入了解访谈对象。

（4）学业情况。在选取样本时，针对学习成绩下降转移组别、成绩稳步提升、成绩趋于稳定三类样本都有选择。并依据录取大学的层级（"985"高校、"211"高校；普通本科一批院校、普通本科二批院校；职高）进行二次挑选，使得各类人群在访谈中均有分布。

（5）性别。性别作为基础的人口学变量纳入选择样本时的考量范围（见图4-3）。

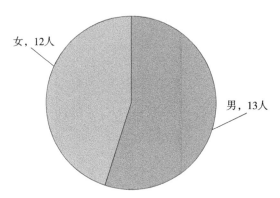

图 4-3　访谈对象人数分布——按性别

综合以上几点，我们最终联系到 31 位访谈对象，并通过线下焦点访谈、线下一对一访谈、电话访谈三种形式分别展开。其中，焦点访谈共开展 3 次，每次 3～5 人；个人访谈 18 人次，采用电话或面对面的形式。

第二节　基于访谈研究的项目成效分析

一、项目成效

（一）资金带来的成效

1. 替代效应

替代效应是指实际收入不变的情况下某种商品价格变化对其替代品需求量的影响。在圆梦助学项目中特指资助资金替代了原有资金的作用，但并未产生额外的消费支出。

　　从访谈中可以发现，三一基金会的资助金存在明显的替代效应，但具体实施情况根据学子类型不同有所差异。对于大部分学生群体来说，资金主要作用是带来了直接的收入。资助的补贴作为家庭收入的一部分，一般交于父母管理，可以直接减少家庭支出，减轻家庭经济压力。部分学子家中只有父亲有外部收入，资助资金无疑是一笔很大的收入来源，对于这样的家庭，资金往往由母亲保管。

　　一些学子表示圆梦助学项目给予其经济上的后盾，帮助其完成学业。在这种情况下，资助金主要用于支付学子日常必要开销，甚至家中弟弟妹妹的消费，没有增加额外消费，发挥了替代作用。

　　"我上高中的时候卡由父母保管，上大学第一年的学费就是父母用之前的资助交的。其实我家条件并不好，我也希望他们能少花点。"（访谈编号：2015-1）

　　"这笔资金在高中阶段主要用于支付生活费和学费，大学阶段除去每年必要的学费、住宿费，母亲每月还会给予我1000元的零花钱。家里的老人和妈妈身体都不好，常年靠药物维持，全家只有爸爸微薄的收入，这笔资金确实在很大程度上缓解了家里的压力。"（访谈编号：2015-4）

　　"资金的激励效果可能不大，但是在某种程度上确实能够减轻家里的经济负担，项目的资助基本上能够覆盖一学期的学费，减少了后顾之忧，使我能够安心学习。"（访谈编号：2015-2）

2. 收入效应

收入效应是指在货币收入不变的情况下，某种商品价格变化对其需求量的影响。在圆梦助学项目中特指资助资金增加了受资助方的额外支出。

在访谈中，少数家庭将这笔资金用作学子的额外专项教育资金，专门用于一些之前本不会支出或负担不起的教育消费，如外出参加教育培训、购置额外的学习用品等。还有学子表示，这笔钱最大的作用就是有了一笔自己可支配的资金，利用资助金买电脑等。部分留守学子还将这笔资金用于照顾兄弟姐妹。对比家庭富裕的学子，家庭经济困难的学子缺乏的是丰富的教育机会和多样的教育资源。这笔资金可能帮助一部分家庭有机会接触这一类资源。

然而，很多学子也提到资金帮助并非十分重要，资金对失学与否不会产生决定性影响。一些学子认为资金帮助并不能解决实质性问题。

"我给了我妈妈，然后她说是给我存着上大学，就可以用于交学费、买电脑这些花销，平时的话就有几次竞赛、外出培训……费用比较贵，就很犹豫。后来因为这笔钱还挺及时的，然后去了两次，一次去济南花 4000 多元，一次去天津比赛，所以当时这个钱还挺能派上用场的。"（访谈编号：2016-7）

"在生活中最基本的一些需求方面，我其实是可以不依靠圆梦助学项目的。圆梦（资助的基金）我用来做一些其他的事情去了，比如说高三的时候我在外面租房子，用的就是圆梦助学项目给我的资助。我也去考了驾照，也是用的这笔钱，包括我自己还打算去学小提琴，这些东西其实都是在用圆梦助学项目的钱。"（访谈编号：2016-1）

"假如没有圆梦助学项目，自己的心态会受到一定影响，可能每天都会记挂一下家里，会在学习过程中分心，吃饭也只会吃些青菜汤。"（访谈编号：2015-4）

3.激励效应

激励效应在圆梦助学项目中特指资助资金对学子产生了精神上的正向激励作用。学子对于资助金激励效应回答有所不同。部分学子表示高中阶段的最大激励首先是父母的期望，其次是自己对未来的规划，三一基金会的资助并不会起到决定性作用。也有学子认为三一基金会的资助具有明显的激励效应，认为他人无偿的帮助是一种无形的鼓励。也有学子提到基金会的资助是外在的，但是它会引发内生性激励。具有共性的一点是，在大学阶段，资金的激励作用相对减弱，更多地转变为减轻家庭负担的收入效应。

"高中阶段最大的激励首先是父母的期望，读书是农村学子唯一的出路，其次是自己对未来的规划，希望以后能够活得轻松一点，不要像父母那样累。"（访谈编号：2014-6）

"圆梦助学项目对我最大的意义是一种激励效应，他人的帮助对自己是一种无形的鼓励。"（访谈编号：2016-3）

"通过与志愿者交流会持续关注自身成绩的变化，这是一种隐

性的内生性影响。"（访谈编号：2016-4）

4. 抚恤效应

从访谈来看，获得基金会资助的学子多数懂事、体恤父母、为家里着想。多数学子表示，基金会的资助带来的最大帮助是让他们可以减少一些后顾之忧，不用过多担心生活费，可以更加安心学习。

"如果是那种懂事的孩子，是不太想给家里太多的压力，三一基金会的资助能够让我觉得少跟家里要一点钱，父母压力也会减轻，自己就能够少操心家里一些，多一些时间用在学习上。"（访谈编号：2015-6）

5. 隐性效应

有一部分学子表示并不会十分在意资助金的得失，但是资助能够让学子正视学业成绩，并依据是否得到资助作为衡量学习成效的"标尺"，从而有助于个人成长。

"我很想回答资助金在学习上对我产生了激励效应，但我说不出口，因为很惭愧，在高中资助的三年里我没有冒出为了能继续获得资助金而拼命学习的想法。被降档或者取消资助资格对我来说影响不大。静下来仔细想想看，我现在终于弄明白点什么了，我似乎把资助金看成了一种奖励，一种衡量我平时学习的标尺。自己能获得资助金是因为自己这一段时间的表现不错，体现出来的结果是成绩不错。如果自己没能获得资助金说明自己不够努力，付出的价值不对等（因此）无法获得资助金。但我忘记给自己设立能被量化的弥补制度了：如果你不努力，接下来你需要怎样安排你的时间去做些什么。归根到底，（是因为）自己缺乏强烈的（学习）动机、计划性和实践性。但正如之前所说，资助金对我的家庭而言，意义重大，它很大程度上缓解了家庭经济压力。所以，资助金给了我许多自己都没有意识到的帮助，好好使用它促进了我的成长，对我未来的发展具有推动作用。"（访谈编号：2014-2）

（二）高中后继续接受资助带来的影响

高中后资助效果的差异主要集中在资助项目条款中写道大学阶段提供的生活补助和学费贷款，以及用于深造的研究生资助或留学申请考试资助等几个方面。在大学阶段持续接受资助的大部分学子均关注到项目条款中的这两项资助，但是接受访谈的学子并没有报考雅思、托福考试，也没有出国留学的打算。基于家庭因素考虑，一些学子表示出国是"可望不可及"的。但是很多学子都明确表示有继续在国内深造的打算，其中很多学子也了解研究生阶段继续获得资助的要求。

"尽管高中阶段的资助确实缓解了家庭经济压力，但是并没有带来明显的激励效用。进入大学，三一基金会的资助仿佛给了被资助者一丝渺茫的希望，在自身并没有足够经济实力支付出国留学费用的情况下，有一个组织资助了你考托福和办签证的费用，仿佛借此能够实现最初设定的目标。与高中阶段相比，大学阶段对项目的

关注点会发生变化。"（访谈编号：2014-1）

（三）公益精神的培养

许多被访谈对象都在大学阶段做过相关的公益活动，很大一部分学子表示愿意在未来加入公益组织，还有一部分学子成了圆梦助学项目的志愿者。

圆梦助学项目给很多学子种下了公益的种子，从接受资助到项目的参与，整个过程也会引导学子对公益事业的思考。

"未来即使不就职于非政府组织（公益行业），也会加入环境或教育扶贫相关的公益组织。以前在环境工程专业考虑以后就业的问题时认真思考过环保公益，后转入自动化专业并没有放弃做公益的想法，也是受到了三一基金会的影响。"（访谈编号：2014-1）

"未来有机会我一定要加入公益组织，自己从小受到了太多人的关照，也想要回馈这个社会。可能会去支教，帮助需要帮助的人。"（访谈编号：2014-2）

"我曾去过怀化远冲支教，接受了三一基金会的帮助使我觉得尽自己的一份力去帮助别人是件很好的事情。"（访谈编号：2015-6）

"像我们这种人都是很乐意去帮助别人的，因为自己也受到了别人的帮助。有时候可能不会很明显地说出来，但是心里都会有这种想法。如果有机会，做一做公益，或者说帮助其他人，都是很愿意的。志愿者是基金会和学生之间的纽带，协助进行信息反馈，做志愿者的初衷是想要回报基金会，也受到了之前志愿者的影响。"（访谈编号：2014-7）

"其实三一基金会也是在告诉大家什么样算是一个很好的NGO，一个NGO在做什么，三一基金会经常发一些文章，告诉大家协会内部是怎样运转的，这就相当于让我清楚地了解到工业研究是怎样推进的，他们是靠什么维持活力，他们的工作有什么意义，（这些）能够让我在这一方面比别人了解更多的东西，我也更倾向于去选择这方面的工作。准确来说，三一基金会让过去在环境学院读书的我有了以后想在非政府组织也就是NGO工作的打算。自己本身是没有加入任何NGO的，但是有想过进入NGO组织两个大概的方向，一个是扶贫，另一个是环境保护。"（访谈编号：2014-1）

（四）分组带来的额外效应

对于项目分组，不少学子表示起初并不了解分组的目的，仅有一位C组的学子意识到圆梦助学项目可能是随机实验，在每学期仅有50元通信补贴的情况下依旧坚持参与项目，并给予项目充分肯定。另外，部分学子加入项目后并没有详细阅读协议内容，对于分组要求和具体补助内容仅有大致印象，而有些学子不仅详细阅读了项目协议，甚至在中学阶段就为未来生活做好了打算。结果发现仔细阅读协议的学生个人成就动机往往较高，学习成绩也较好。

1. A组、B组的激励效应

基于样本访谈发现，A、B两组的预设条件确实具有激励效应。由于资助金额较多，这两组的激励作用还是被多数学生肯定的。多数学子表示，由于每一年都会上报自己在学校的表现，三一基金会的资助确实会对学习产生督促作用，A、B两组对成绩的要求激励学生不断达到标准，一些学子甚至会在心中预设更为苛刻的条件。分组的作用主要体现在给学生设立了一个比较明确的努力目标，使得激励作用能够留下明显的痕迹。

"问：你觉得（分组）会有激励作用吗？"

"我觉得会，因为我身边就有这样的同学。因为他觉得这个东西可以给他激励，他就会说下一次考试，必须要比上次进步一点才能得到（资助），所以我觉得这一点还是有作用的。"（访谈编号：2016-8-C 组）

"高中时很少有人了解这个项目，相比学校每年 1000 元的资助，三一基金会给予的 3400 元资助金至少不会让我觉得随便考考就可以了。第一次考试我幸运地进入了资助范围，之后要求保持成绩的条件会成为学习的动力，让我随时保持警惕，不允许自己发生考差的情况。"（访谈编号：2016-6-A 组）

"要求我的成绩不断提高并稳定在 10% 的要求会督促自己更加努力学习。"（访谈编号：2015-4-B 组）

然而，对于另一部分学子，分组条件起到的只是"标尺"作用，这种作用在 A 组、B 组内均存在。B 组的一位学子表示 B 组的分组条件对他是种激励，A 组条件才会成为压力。A 组的一位学子认为高中阶段设置的条件会对他产生压力，但是意义不大。

"项目会对我产生一种激励，但并不是没有这个项目就读不起书，而是觉得受到了他人的帮助更应该努力学习，不辜负他人对自己的帮助，父母也会就此鼓励我，这种激励更多的是内生性的。"（访谈编号：2014-3-B 组）

"项目的条件对我来说监督作用更强烈，资助金有一定激励，但是金钱的刺激是递减的。但每学期根据成绩发放助学金意味着有人在关注着你，这是一种无形的压力，但相比外部监督，更多的还是内在因素起作用，由外界条件引发内生激励，我会产生一种责任感，产生自我监督。"（访谈编号：2014-4-B 组）

"每学期填个人信息给了我一个自审的机会，我会自己和自己比。"（访谈编号：2016-3-A 组）

2.C 组的激励效应

一些 C 组的学子认为基金会的资助对高中学习会产生一些激励，但是高中阶段的激励主要源于自身对于考学的需求，即高考激励。一些 C 组的同学认为参与到项目当中是对初中三年学习成果的肯定。也有 C 组的学子觉得项目对其意义不大。

在访谈中我们发现，不同学子的成就动机有较大区别，差异从高中阶段开始显现。坚持参与项目的 C 组学子大都是基于预期收益，较为明确地知道坚持参与项目就有可能在大学期间获得资助，因此这些学子一般具有学习的主动性和规划性。但由于参与项目的学子经过了基金会的筛选，学习动力都较强，因此很难说是这是 C 组学子的特性。

"三一基金会的资助会对高中学习产生一些激励，但是高中阶段的激励主要源于高考。"（访谈编号：2015-6-C组）

"项目是对我初中三年学习成果的见证，是物质上的嘉奖和肯定，这种物质上奖励会促进班内同学努力争取这一名额，无形中带给我们一种动力。这个项目使我懂得通过自身努力可以获得物质上回报，尽管50块不多，还是感受到激励，成为今后学习的动力，我也会督促自己比之前更努力，争取上大学以后继续获得资助。"（访谈编号：2015-C组）

"想要大学阶段继续获得资助，高中阶段成绩必须达到年级的前5%并且要考入重点大学，这个条件对我具有较强的激励作用。"（访谈编号：2014-6-C组）

"项目对我意义不大，每学期填报个人信息能起到监督作用，学习主要还是自我激励。"（访谈编号：2015-7-C组）

3. 转移到C组带来的影响

转移到C组的学子会产生一些心理波动，但总体而言没有非常大的负面影响。这部分同学会将成绩的退步归因为自身学习方法低效、态度不够端正、缺乏自制力等，他们认为因成绩退步转移组别、失去资助金也是无可奈何、情理之中的事情，不会因此在学业上自暴自弃或产生过多负面影响。

"其实这个事情（指受到的资助）本身是自己没有去争取，没有的话就也无所谓，差不多放任心态。如果你想这东西原本就是

不属于你的，就不会有特别大的这种（负面）心理。"（访谈编号：2015-1）

"当时家里就靠我一个人，也不收手机，晚上那时候没事干就看小说了。现在想想挺遗憾。（应该）自己做的事情没做好，所以其实当时还是没有自制力。"（访谈编号：2015-2）

4. 退出项目

根据协议，中途辍学、转学或者复读都会自动失去继续获得资助的资格，一些学子在复读后退出项目并与基金会失去了联系。然而，即使没有资助，绝大多数的学生依然会努力提升学业成绩，学生在这一阶段拥有很强的因为高考而努力学习的内在动机。

"高考后因为发挥失利选择复读，当时与基金会签订了退出协议，之后就没有再联系过。"（访谈编号：2015）

（五）专业选择

访谈后发现，学生的专业选择会受到兴趣、未来工作的稳定性、是否热门、将来求学工作的地域等多种因素的影响。被访谈的学子中依据兴趣选择专业的人较少，而在参考长辈意见后选择医学、师范等未来就业稳定的人较多，选择热门专业如计算机、金融、人工智能等未来预期收入较高的专业的学生也较多。

可以看出，家庭贫困的高中生获取信息的渠道比较单一，学生的专业选择主要是参考大学费用、他人建议等。从访谈当中没有直接反映三一基金会的资助带给学子专业选择上的影响，但是从这两个角度可以间接得出项目资助的有效性：第一，资助金缓解了部分学子对于大学学费的忧虑；第二，与学子联系的基金会志愿者会为学子提供一些专业选择的参考信息。但总体而言，三一基金会的资助对于学生专业选择的成效并不显著。

"目前就读专业为生物信息工程，这是一门生物科学和计算机学科的交叉学科，二者要求均很高，我仍旧不忘初心，有意在研究生阶段攻读计算机专业。"（访谈编号：2015-7）

"报考幼师这个专业也是听了母亲的建议，因为母亲曾经想要做老师，遗憾没能成功，自己受了母亲的影响报考了师范专业，尽管后来与母亲就报考幼儿教育专业有较大分歧。"（访谈编号：2014-2）。

"当时只想报考计算机专业，考虑到分数因素，放弃了华南科技大学、华中科技大学等'985'高校，选择了北京邮电大学。"（访谈编号：2015-2）

"当初排除掉收费高的专业，只考虑专业本身和学校所在地，选择计算机专业主要考虑了自己未来的发展，也听取了姐姐的建议。"（访谈编号：2016-5）

二、学生产生困境的主要原因

基金会主要是在资金上给予学生支持，这一部分的成效在前期的访谈中已经得到了证实。但给予学生资金资助在提高学生的学业成绩上的成效并不显著，是因为除了经济原因外，还有很多其他重要的原因造成了家庭贫困高中生的学习困境。经过访谈调研我们发现，造成家庭贫困高中生学习困境的原因主要有以下几个方面。

（一）经济原因

接受资助学生的家庭经济状况与当地的经济发展水平相比处于劣势地位。贫困对学生的影响主要有以下几点：第一，贫困带来的家庭收入不足，使得学生无法负担接受教育的额外支出，包含学费、学习资料的购买、外出培训等。第二，长期的贫困影响学生性格，比如，访谈的部分学生性格内向，自我认同感较低。

对以上问题的解决除了直接给予资金援助外，还可以采取一些更加有效的方式。比如，我们发现资金资助的收入效应会强于替代效应，可以在高中阶段就教育外出培训给予专项补偿等。

（二）身体原因

身体作为人力资本的重要一环，是个人生存和发展的基础，对于高中生更是如此。一位访谈对象谈起自己的家庭和人际时都没有困扰，但却非常悲观，与之交谈，发掘的深层原因是她的身体状况，她几乎所有压力都来自所患的慢性疾病，疾病不仅带来身体上的疼痛，无法安心学习，也会造成她对父母的愧疚感。

"还有很多感觉是发病期太疼了……就没有办法，花了好多钱也白花了，最后还是去做手术，他（医生）说做手术对身体的元气伤害特别大。我觉得这个东西非常困扰，基本上这种事情（生病的情况）每天都会发生，我觉得很痛苦。"（访谈编号：2015-1）

访谈中还遇到身患疾病的学生，疾病成为他们家庭贫困或患心理疾病的重要原因。而这些情况，只有深入了解学生时才能够发现。当前青年人群体中不健康的生活习惯和心理状态（如抑郁症多发现象）成为大家日益关切的话题，家庭贫困的学生会因此受到更严重的打击。因此，关注贫困学生的身体及心理健康同样应该成为资助的重要考虑因素。

由于受资助群体的扩大，了解每一位学生的健康状况会成为资助过程中遇到的挑战之一。因此，应该发挥志愿者的作用，志愿者是与受资助群体联系最密切的一环，应该鼓励志愿者及时反馈学生的特殊情况；如果有可能的话，应该请专人关注并负责这部分身体及心理存在缺陷的学生，并且给予专业的健康援助。

（三）家庭原因

家庭原因包含几类状况：一类是单亲家庭，父母离异或者有一方已经去世。家庭不完整给孩子带来的创伤不言而喻，这一类孩子大多数表现得独立，也比较避讳与他人谈起自己的家庭状况。另一类是与父母相处存在问题。由于贫困或居于农村地区，大多数家庭的父母受教育水平较低，没有科学家教的理念，学生与父母之间的交流沟通较少。家庭不仅无法给学生提供相应的经济资本，还会出现各种矛盾。

"家里面一直很复杂。我爸总是喜欢管我，所以我回家里一做不对了他就火了。后来我基本也不怎么说话。"（访谈编号：2015-3）

（四）性格原因（自我激励感较弱）

被访谈者中存在大量性格内向、表达羞涩的学生，受到家庭环境等各方面的限制，这些孩子在人群中居于劣势地位，缺乏表达的勇气，常常成为边缘群体。

（五）学习方法不当

每个人的学习能力存在高低差异，但通过科学的学习方法可以弥补能力的差异。家庭贫困的学生往往缺乏有效的学习引导和方法，会在学习上走很多弯路，从而影响成绩。他们往往具有很强的学习动机，但成绩的提高程度却很有限。三一基金会可以通过一些科技手段（如远程教育资源）或聘请名师举办讲座等方式给学生提供一些学习方法上的引导，帮助学生提升学习成绩。

"压力是有的，主要是学习方法就没有转变过来。"（访谈编号：2016-2）

第三节　基于访谈研究的前期项目成效分析

一、老圆梦助学项目与圆梦助学项目（2014—2019 年）的区别

（一）资助阶段及方式不同

2014—2019 年开展的圆梦助学项目的资助主要针对高中阶段，实行的是随机分组资助，并且部分组别对资助有成绩要求。但老圆梦助学项目的资助主要针对大学阶段，采取的是无差别的资助，一旦入选，将在大学期间给予每人每年一万元的资助，对成绩没有要求。

（二）选拔方式及标准不同

2014—2019 年的圆梦助学项目的选拔方式简单，选拔标准较为宽松，资助的范围和数量更大，每年约有 200 人。

2016 年，开展的圆梦助学项目对学子的成绩没有要求，更关注学子的家庭状况及个人陈述。2015 年、2014 年开展的圆梦助学项目对学子的成绩有要求，但要求并不非常严苛。（2015 年：中考成绩全市或全县排名前 50%，在中考所在学校排名前 30%，班级排名前 20%；2014 年：高中入学考试成绩年级排名省级重点学校前50%，市级重点学校前 40%，一般高中学校前 20%）。对成绩要求的标准逐年降低。

2014—2019 年开展的圆梦助学项目的学子初期选拔的自主权更多是学校或志愿者。学子的成绩满足要求并且申请书通过审核，便会进入资助项目中，实验组每年获得 3000 元左右的资助。老圆梦助学项目虽然在资助时对大学成绩没有要求，但是对学子的选拔更为严苛。

老圆梦助学项目选择在高考成绩及录取结果明确后对学生进行选拔，从目前的学子情况及访谈结果来看，考入重点大学是获得资助的重要标准之一。家庭经济状况也是考量的标准，但由于老圆梦助学项目学子的最初选拔是在县一层级，各县家庭经济状况的选拔标准并不一致。

每期约有 100 人进入项目的初期选拔，经过一个月的夏令营实践活动，三一基金会对学子进行进一步的考查，从中择优挑选 10 人进行资助。

（三）介入方式不同

2014—2019 年开展的圆梦助学项目由于人数众多，依靠志愿者与学子进行联系，学子对三一基金会并没有过多的了解，三一基金会只是通过志愿者收回学子在高中阶段的反馈信息。

老圆梦助学项目，在未接受资助之前，参加项目举办的夏令营活动时，已经接触过基金会的工作人员，并且通过夏令营的各种活动，对基金会有了详细的了解。之后，三一基金会也会定期组织学子进行聚会，三一基金会的负责人亲自和学子沟通交流。

（四）关注点不同

2014—2019 年开展的圆梦助学项目更多关注，在高中阶段给予学子物质资助，转移支付或是有条件转移支付是否可以在成绩等方面对学子带来帮助。

老圆梦助学项目的选拔标准更加严苛，加之选拔的人数非常少，学子就读的大部分是名牌大学，三一基金会在这 60 位学子身上除了有物质资助外，也给了他们很多情感支持。从访谈中可以看出，三一基金会希望学子可以摆脱客观的不利因素，接受更多更优质的教育，成为具有领导力的社会精英，更好地回报社会。

二、项目成效

（一）资金带来的成效

1. 替代效应

在访谈中，学子提到三一基金会在大学期间提供的物质资助覆盖了在大学期间的学费和部分生活费，对于家庭困难的学生来讲，这笔资金大大减轻了家庭负担，是一笔帮助极大或提供燃眉之急的费用。

"像我这样家庭贫困的，如果获得这笔钱的话，基本上能够我 4 年的学费，甚至其实还有点多余。所以总体来说已经是非常大的资助了，因为不仅可以包括学费，而且也可以补贴一下生活费。自己也申请一些贫困生助学金之类的，大学的话就可以完全没有后顾之忧。经济上没有太大的压力，就可以完成学业了。我很多亲戚，因为家里有一个人上了大学，我是农村的，农村大学生也比较少，他（一个亲戚）就说我们还要摆个酒席，请一下那些亲戚，然后通过这些亲戚来收一下红包，筹一下大学生的学费。我有这笔钱的话，就已经没有这样的一个流程了。"（访谈编号：老 -3）

而对于大学期间不需要学费和过多生活费的学子或是家庭不是特别困难的学子而言，这笔资金发挥的直接效用就不会特别明显。

"总体来说，我的家境虽然比不上大城市，但是在小县城里还是很不错的。其实这笔钱对我来说，如果是我家里给我出这个钱也不是不可以，但是因为有了这笔钱，它会减轻很多压力，就是说你不用考虑成本，你专注学习。然后你也会减轻一些你家里为你付出的成本。所以就感觉整个人在学校会更加有自信、有底气，而且自己也会更加认真。"（访谈编号：老 -2）

2. 收入效应

在访谈中多数学子提到，大学期间不必过多地为经济情况担忧，所以不会为了经济状况外出打工、做家教或进行勤工俭学等活动，而是把更多的时间和精力用在更有意义的事情上。有学子提到也会在大学期间报一些兴趣班丰富自己的生活。但具体大学期间的资助花在了哪些事情上，由于时间关系，学子已经没有太深的印象。

"我们当时一些同学有勤工助学的项目，然后我也去参加过，但是没有特别说是因为生活方面的压力，更多是自己去体验一下大学生活的各方面。"（访谈编号：老-3）

"上大学的时候，首先是学费，然后是一些生活的费用，还可能会去报一些课程。"（访谈编号：老-5）

"物质资助这一方面的话，也是给了我们挺大的帮助的，因为我们去参军的人的家庭条件一般都不是那么好，像这个额度的话，刚好就是能够把学费抵销，甚至还有一些结余，能很顺利地学习，不用有什么经济负担。所以说有更多的时间去学习和思考，我觉得这一点也是很不错的。"（访谈编号：老-4）

3. 时间效应

老圆梦助学项目的学子现已全部大学毕业，访谈的6位学子都已经或即将进入职场。大学期间的资助会明显改善其经济状况，因为当时经济来源比较单一，三一基金会提供的资助是重要的经济来源。而部分学子进入研究生阶段，也会继续接受三一基金会的资助，但这笔资金发挥的效用逐渐减弱，因为学子在研究生阶段会获得更多的奖助学金和补贴。也有学子在工作之后又选择读研，但并没有再继续申请基金会的资助。

"其实我到研究生的时候，因为有三一基金会这笔钱，然后加上拿了很多奖学金，加上自己的实习什么的，到研究生的时候我基本就经济独立了，我没有再问家里要过一分钱。"（访谈编号：

老 -2）

"上大学后期会有一些，学校也有一些奖学金。然后包括上研究生之后，可能老师还会发一些补贴，所以说这 1 万块钱的话，相对当时所有的收入，随着时间的增长所占比重越来越小。"（访谈编号：老 -5）

可见随着时间的推移，资金带给学生的帮助作用在逐渐减弱，因为学生随着能力渐长，收入来源更为多样，或者是学生家庭的状况在逐渐改善。当然这种状况的改善离不开学生接受高等教育这一过程。

（二）同伴带来的成效

老圆梦助学项目给了学子很好的同伴支持。因为三一基金会每年只选择资助 10 个人，人数较少的情况下会形成一个亲密度更高的小圈子。他们平时会有更多的交流，差不多的经历让他们拥有更多的共同话题，而不同的地域与学科背景又丰富了交流的广度。不少学子在工作后，依旧与之前的同伴保持很好的关系。这种良性的同伴效应在学子的成长阶段会提供非常大的精神支持。同时，三一基金会每年也会为老圆梦助学项目的学子举办聚会，为他们提供一个很好的交流平台，大家可以分享交流自己的经历与感受，其他学子的分享也发挥了很好的示范与榜样作用，大家相互鼓励。这也是他们打开广阔世界的一个重要的窗口，他们从这里认识到了更多更优秀的人，了解到他们正在经历的事情，得到宝贵的经验，对他们后续的选择与经历都有非常积极的正面影响。

"之前每一次暑假的时候都会有机会见到三一基金会的人，包括小梁总、瑞哥，还有一些其他比较优秀的小朋友、同学，做了很多的交流。关于世界、关于市场、关于学业各个方面的，我觉得也是相互激励、相互打气，在这么一个小圈子里，你就会感觉这种力量会更强大，但是我不能确定说每个人都会这么想。"（访谈编号：老 -2）

"基本上每年还会有聚会。相当于除了资助之外，还是一个特别好的平台。像我来自湖南大学，但是其他还有很多更加优秀的小伙伴，比如来自清华大学、北京大学的同伴。我平时对他们那些更加优秀的人的生活或者工作都不是很了解，但是通过这种聚会，自己多了一些更加优秀的朋友。"（访谈编号：老 -3）

"我们这些圆梦的一些同学，其实都是散落在各个地方的。然后我就觉得像是在一片黑暗的大海中，我们各自发的就是一点小光的一艘小船。比如平时有问题需要帮助的时候，觉得我们是可以互相给对方照亮的一艘小船。然后基金会给我的感觉是一艘非常亮的大船，告诉我们说，在这片海洋当中，你可以上岛，上大船。"（访谈编号：老 -5）

"价值导向、情感上的帮助，对个人的成长影响是非常大的，至少所有参加圆梦助学项目的学生每年在六七月都会在长沙聚一次，持续三四天，对一年的生活与经历进行沟通，发表个人的观点，当时最早一批会比我们大三四岁，也会在这样的交流会上与我们分享（他们的学习与生活）。会有晚宴，那是我第一次穿礼服，三一基金会对我来说有非常多难忘的回忆，包括对我个人生活上的影响，还有价值取向。我们当时的志愿者很多也没有手机，也不方便联系，大家在一起待了一个月，感情很深的。当时就是已经参加过这些活动的学姐在帮助我们。"（访谈编号：老 -6）

"三一基金会对我能进入清华（读研）还是有比较大的帮助的，尤其是在其中所接受的价值观对我有很大的帮助。从高中进入到大学之后每个人的价值取向都是不一样的，你的兴趣点在那里，慢慢地和三一基金会的朋友进行摸索，从他们身上学到了很多，获得了更多同伴的支持。"（访谈编号：老 -6）

（三）基金会带来的成效

三一基金会除了给学子提供物质资助外，也会非常关心每位学子的情况。几乎每个人都提到了冯大哥和小梁总。跟同伴的效应不同，他们以一种更富有经验的形象出现，以他们个人的经历去积极引导学子的价值导向，在每年的聚会中，在平时的聊天中，都希望学子将来能在社会中能发挥更大的价值，成为某一领域的精英甚至是"领头羊"。学子或多或少都受到了这种价值观的影响。当然，这种影响在每个人身上发挥的作用和程度都不一致。这或许跟每个人的成长经历和性格有很大的关系。

1. 项目负责人

"另外除了圆梦学子之间有聚会，三一基金也会有聚会，经常会有一些指导或者教育的主题报告，甚至一些特别有意思的娱乐活动。印象较深的一次是 L 哥他们几个邀请了几个人，和他们一起在一个台上，他们根据我们比较关注的主题，包括自己以后的生涯发展或者是其他方面的主题，就像几个大咖一样跟我们讨论，我们在下面自己有感而发，跟他们面对面地交流。所以我们可以接触到一些可能自己本来接触不到的东西，最重要的是开阔了视野。我们本来作为农村的大学生，可能大家的圈子都会特别小，也没想着自己以后要怎么样，参加这个项目的话，有了更多的想法、更多思考。"（访谈编号：老 -3）

"每年暑假的时候会组织一个很大的聚会，通常情况下，L 哥都会参与的，他会给我们讲他自己在这一年所做的工作，以及一些思考，还有一些困惑。我记得很清楚，某一年他跟我们聊到了他在哈佛上课的事，根据他的个人经历和我们详细讲了包括领导力在内的一些生活和学习经验。还提到了时间管理、精力管理，当然后两者没有细提，但确实也是我第一次正面接触到的观念，后来我自己也有去看书，或者说开始去了解这两个概念。"（访谈编号：老 -5）

"我第一次来北京也是因为当时 R 哥邀请我来北京玩，那是我第一次来北京。我现在不太记得当时的情形，当时觉得我以后要来北京，所以我后来考研只看了北京的学校。"（访谈编号：老 -5）

"L 哥会给你一种天然精英的感觉，他会激发你向他们看齐，'见贤思齐'，他们也会影响你，让你衡量提升自己各方面能力，还有你去做事情的一个标准，然后你就会慢慢地跟他们靠近，变成'他们'，甚至是超越他们，但我觉得这可能每个人不一样。"（访

谈编号：老 -2）

"因为在刚毕业的时候去部队会有一些落差，有一些想法，还会有一些不称心如意的时候，都会给 F 哥打电话，跟他倾诉一下，咨询一些内容。我把他当作老大哥，他像知心哥哥一样。"（访谈编号：老 -4）

2. 情感支持

"他在我非常需要的时候给我那把力让我冲上去，让我觉得我也不是一个人。一个人虽然说也可以为了自己的生活，为了自己的家庭去做一些非常世俗的选择，但是我可以做一个更大的，或者说我可以牺牲自己去为国家或社会做更多的事情的时候，我也会觉得这种价值的实现不是每个人都会有这种机会……告诉我说，我不是一个身上一点包袱都没有的人，而是可以发挥自己更大能量和价值的人。"（访谈编号：老 -2）

"尤其是你从贫困落后地区到大城市里，你要扎根下来，你要生活的话，是会面临很多挑战，不仅是说你学费够不够这么简单。但是三一基金会真的会给你一种信念，给你一种底气，我会觉得我不是一个人，很多人都像我一样，有些人甚至比我更惨，但是我们依然可以做得更好。"（访谈编号：老 -2）

"我们刚入大学就从和自己本来没什么关系的组织得到一个资助，然后我觉得人生态度也会有一些微妙的变化，会更加正面。比如，我们可能会因为家庭贫困比较自卑，有了资助，就觉得自己在这个社会没有被遗弃。另外，我觉得它是可以起到一个传递的作用，以后在这方面，觉得自己是不是也要做一些力所能及的事情。"（访谈编号：老-3）

"他相当于是在用实际的行动告诉我们，我们不仅仅是在精神上支持你，你想做的东西，你想实现的梦想，我们也愿意在你的各个求学阶段去提供我们力所能及的帮助。"（访谈编号：老-5）

"我当时是觉得三一基金会都没要求我们有过什么回报，所以对我来说，可能这是一种心理上的资助，其实（三一基金会）对我心理上的资助，比物质上的资助效果更明显一点。"（访谈编号：老-4）

3. 学子之间的异质性

"我们每个人毕竟以前的成长背景都有一些局限性，所以我觉得我们有很大一部分人可能还达不到他们的期望，后面慢慢地就开始走自己的路，过自己的日子……价值观的传递，我觉得是挺苦恼的，因为我自己性格方面就跟这个比较不契合。他们倡导的领导力的培养，我是自卑且内向的那种人，所以每次领导力的培训我都挺难受的。"（访谈编号：老-3）

"不管是以什么样的途径灌输给我价值观，都是一个从外到内的过程。我觉得改变的话是从内往外的。如果说我不愿意它灌输进来，不管他以什么样的途径想说服我，我都是不为所动的。所以说我在接受了这些观念的同时，我愿意去改变，我有改变的意愿，然后我再去结合自己的经验，或者说我通过跟别人交流，内化于心，

愿意去看到这一点才会有效的。"（访谈编号：老 -5）

"他（L 哥）会希望你在你的学业也好，在你工作的领域也好，你可以尽量让自己做到最好。但他不是说要你在这个领域里一定怎么样，还是要结合个人的能力来说的。我觉得他之所以这么讲，是因为他自己本身是这样的一个人，他当然不能要求别人成为一个什么样的人，但我觉得他会希望这些人成为跟他一样的人。因为他自己是认可这种价值观的。"（访谈编号：老 -2）

（四）人生发展

选择继续读书的人不占多数。从访谈的情况来看，专业和家庭经济状况是选择工作的重要原因之一。军事学、设计、汽车等专业的学生选择工作，外交、计算机等专业的学生选择继续攻读硕士学位，化学专业的学生选择继续读博士学位。

"我们毕竟在农村，每次放假回家，家里面的同龄人都去打工或者是为家里赚钱，我觉得自己这方面挺有压力的。家里有妈妈，然后还有一个姐姐，当时我姐姐一直在读书，我妈妈基本上不怎么出去赚钱的，身体也不算太好，也没什么文化，所以我觉得自己经济压力也挺大的。一些同年龄段的人都去工作了，我觉得是不是也要承担一点家庭责任，所以我就先去工作了。"（访谈编号：老 -3）

在之后的工作选择当中，有的选择进入外交部工作，有的选择进入互联网公司工作，有的选择成为中学老师，有的选择进入军队工作，有的选择进入其他类型的公司工作，有的因为家庭的原因在县城工作，也有工作几年后因为不喜欢自己的工业重新考研。

（五）志愿者

采访的老圆梦学子多数都有过在之后的项目中做志愿者的经历，多数是源于三一基金会负责人的邀请。可以看出，三一基金会确实跟老圆梦助学项目的学子保持着更多的联系。学子们都非常乐意承担志愿者工作，并不吝惜给他人提供帮助。

"和另外一些刚刚高中毕业的学生交流，他们有想了解的，我都告诉一下。"（访谈编号：老 -3）

"这个是我主动要求的。比如，出门在外的孩子想回家看看。此外，也是想见一下自己的学弟学妹，然后看一下他们……还是因为对这个项目有感情。感觉自己被帮助、被资助，这种感恩的心会更强烈一点。"（访谈编号：老 -4）

三、小结

由于很多学子已经工作多年，当时接受资助的具体情况在脑海中已经变得模糊，记不清这笔资助到底给他们的生活带来了具体什么样的帮助。此外，前期的圆梦助学项目仅仅是针对一流大学的学子进行无差别资助，项目也未收集没有接受资助学子的信息，所以我们无法作出其他更多判断。但从访谈中我们可以看出，在大学期间，这笔资金帮助他们减轻了经济压力，他们可以更专注于自己的学业，或者发展更多的兴趣爱好，而不是疲于打工糊口。同时，当有了一定的经济支持后，会在一定程度上消除自卑心理，更容易融入大学生活，完成从高中封闭式环境到大学开放式环境的转变。

除了经济资助外，三一基金会通过各种形式对学子提供的情感支持、价值观的引导对学子的人生经历产生了更重要的影响。通过初期的夏令营，帮助他们更好地建立与大学、与专业的联系。与基金会的负责人像朋友一样相处，不断地交流与鼓励促使他们见贤思齐。但从访谈中也可以看出，这种帮助发挥的作用大小与学子本身的性格有很大的关系，有的人可以更好地融入集体当中，更愿意接受组织或他人所传递的价值观，或许他人或组织传递的价值观与其自身的价值观是相契合的，一定的引导就可以对他的人生产生更大的作用。反之，如果学子在个人的经历中所形成和接受的价值观与三一基金会所倡导的价值观不一致，就不容易受到影响。但不可否认，三一基金会在学子大学这个阶段，参与了他们价值观的形成过程。但同时我们不否认"农村""贫困"这样的字眼在学子身上留下的烙印，虽然良好的高等教育、三一基金会的物质与情感支持都在一定程度上抵消了原生家庭的影响，但无法完全消除。

此外，同伴支持也是这个项目发挥效用的重要原因。项目将60位优秀的学子聚集在一起，他们彼此之间产生了深厚的友谊，并且在不断的分享过程当中彼此鼓励，互为榜样。与高中单一封闭的环境不同，在大学阶段，学生非常需要同伴的支持与鼓励，项目在不自觉中创造了一个这样的环境，并且具有筛选性，让这个同伴群体具有非常高的质量，并且相同的地域与差不多的家庭成长环境造就了相互之间更多的同理心与话题。

与物质资助不同，物质资助是有时效性的，但三一基金会提供的情感支持、传递的价值观、同伴的影响，会伴随学子的一生。与之后的圆梦助学项目的学子情况进行对比也可以发现，单纯的物质资助对学子带来的影响我们无法进行定论，但如果物质资助当中包含更多资助者的情感支持，与被资助者产生更多的情感联系对他们会有更正面的影响。

可见，项目对学子更像一个坚强的后盾，让他们拥有了感恩之心，这种资助也让他们的人生选择更具有责任感，并且在无形中拥有一股力量去推动他们更好地实现自己的人生价值。但人的成长受太多因素的影响，这些学子已经拥有了很高的起点，关于学子参与项目之后的成长和变化，我们也很难将他们经历中的其他因素剥离出来，单独去看项目本身到底对他们发挥了多大的影响。但我们不可否认，项目为他们提前打开了社会这扇大门，帮助他们见到了更广阔的世界，了解到人生更多的可能性，而这点对于从偏远地区出来的学生而言，是激发他们为更好人生努力奋斗的起点。

第五章　项目总结及相关建议

第一节　项目结论

实验组与对照组在平时成绩、高考情况等学业表现方面无显著性差异，但是接受资助本身会对受资助者带来心态上的正面影响。

一、数据

三一基金会在 2014 年设立圆梦助学项目，以资助高中贫困生为切入点，并将高中、大学、研究生、出国留学的四个关键阶段纳入资助范围。圆梦助学项目连续资助了三届高中生，同时，设立对照组和实验组，旨在更科学地评估在高中阶段及后续阶段对贫困学子提供资助的效果，评估是否可以帮助贫困学子更好地完成学业。

2014 年、2015 年设置了两个实验组一个对照组。两个实验组的要求分别是每学期成绩保持稳定（A 组）和每学期成绩保持稳步提高（B 组），达到要求者每学期被资助 1500 元左右；对照组（C 组）每学期提供 50 元通信补贴，激励他们填写相关信息。2016 年增加了一个新的实验组，即无条件现金转移支付的 D 组。

就样本的筛选方式来看，2014 年、2015 年实验组和对照组在操作层面上不随机，先对申请者进行资料的审核，通过审核者随机进入两个实验组中，未通过审核的申请者部分进入对照组。2016 年对样本的筛选方式进行了改进，先对所有申请者的资料进行审核，通过审核者随机进入实验组或对照组。也就是说，2016 年的分组在操作层面上是随机的，可以对其数据进行随机分组实验的分析。

项目组收集了在高中阶段学生的个人基本信息、家庭信息、学校信息、入学成绩及在校成绩信息等。在评估计划里，辍学率、高中成绩变化、健康状况变化、高考成绩、高校层次、未来职业规划、心理状况及资金分配方式都是原本打算评估的指标。但由于数据的可得性，未来职业规划和心理状况的数据未收集，辍学的数据样本量非常小，因此不再对这三项指标展开分析；关于健康状况，我们认为对于高中生而言，身体素质不会发生非常大的变化，这一指标也不再纳入数据分析中；资金分配这一数据由于项目管理的问题，数据质量不佳（由前期对项目负责人的访谈可知），尤其是资金给付在学期初，资料填写在学期末，这中间存在非常大的时间差，学生对资金的分配信息填写是不准确的，再加上部分志愿者在操作层面存在的疏漏，导致这一数据的质量较差，因此，也不再作为分析的指标。综上，我们主要分析接受资助学生的个人基本信息、平时变化、高考成绩及高考层次在不同组别是否存在差异，并对 2016 年的数据进行随机分组实验的分析，科学验证资助是否对贫困高中生带来了影响，带来了哪些方面的影响。

第一，样本的属性特征分析。

从样本来源省（自治区）来看，项目资助范围很大，2014 年样本来源于全国 14 个省（自治区）、2015 年样本来源于全国 19 个省（自治区）、2016 年样本来源于全国 18 个省（自治区）。2014 年来自湖南的样本占比高达 48.51%，2015 年来自湖南的样本占比也有 25.51%，样本分布不均匀。2016 年样本分布在各省之间的差距变小。可见，项目的设计与管理在逐年完善。从样本性别来看，2014 年、2015 年、2016 年三年中男女比例均在 1:2 左右，女生的人数约是男生的两倍。从样本民族来看，2014 年、2016 年少数民族样本都在 30% 以上，2015 年少数民族的占比较少，只有 13.47%。可见，项目在筛选样本时充分考虑了少数民族群体。从户口类型来看，2014 年农村户口占比为 78.73%，2015 年农村户口比例为 84.69%，2016 年农村户口占比为 87.25%，接受资助的农村学生比例在逐年提高。

第二，样本退出分析。

由于项目在管理上存在着问题，导致样本的流失率非常严重。而样本流失会影响到后续数据的分析。2014 年所有样本的流失率达到了 48.51%，2015 年样本流失率较低，只有 12.65%，2016 年样本流失率为 20.75%。2014 年的流失率过高，2015 年、2016 年的样本流失率在可以接受的范围之内。同时，各组之间的流失率也不均衡。一般来说，未接受资助但还需要填写信息的对照组应该流失率最高，2014年、2016年的样本符合这一情况。但2015年实验组的流失率反而高于对照组，之后需要从项目管理方面对这一问题的原因进行探究。分析2016年的样本流失数据，对照组流失率最高，而在实验组中，接受无条件现金转移支付的D组样本流失率最低，需要成绩提高的B组的流失率大于需要成绩稳定的A组。

第三，成绩分析。

由于样本来自不同的地区、不同的学校，因此成绩与排名不直接可比。但由于我们关注的是学生在接受资助后，成绩是否发生了变化，因此我们比较的是学生在接受资助的整个过程中成绩是否有所提高，因此我们对学生的成绩排名进行了处理，将成绩排名转换为成绩排名的百分比，值越高代表学生成绩越好。对各组学生的成绩做均值处理，比较在接受资助的五个学期内，学生成绩的变化情况。统计结果显示，2014年接受资助的学生在五个学期内的成绩呈上升趋势，而未接受资助的学生在五个学期内的成绩呈略微下降趋势，可见，2014年的资助发挥了效用。2015年接受资助的学生成绩也在稳步提高，且提高幅度大于未接受资助的学生。2016年接受资助的A组（要求成绩保持稳定）与D组（无条件现金转移支付）的成绩上升程度大于对照组。但由于2014年、2015年的初始分组不随机，我们无法断定接受资助的学生成绩提高程度大于未接受资助的学生是由于接受了资助，也可能是选中接受资助的学生自我成就感动机较强，入选项目本身就可能给他们带来更强的激励作用，或是其他我们没有测量到的因素影响。2016年的D组的成绩变动更大，可能的原因是D组的初始成绩较低，后期有更大的提升空间。

第四，高考录取率及录取情况。

项目收集了学生的高考录取情况。但从数据来看，并非所有参与项目的学生都进行了这一信息的填写。因此，此部分只分析填写这一信息的样本情况。我们将拥有高考录取学校的学生认为被录取，其他没有高考录取信息的为未录取。同时，将高考录取学校合并为5类，分别是"985"高校、"211"高校、第一批本科院校、第二批本科院校、高职高专院校。结果表明，2014年、2015年、2016年拥有高考录取的样本分别占52.99%、55.51%、54.00%，这一结果与全国的数据相比，明显较低，全国的录取率每年在80%左右，部分省市达到了90%以上。从分组来看，2014年A组的录取率最高，达到61.76%，2015年B组的录取率最高，达到69.64%，2016年A组的录取率最高，达到60%。尽管接受了资助，但贫困生高考录取率的情况依旧不乐观。从学校层级来看，2014年、2015年"985"高校和"211"高校的录取率分别为30.28%和34.93%，而2016年"985"高校和"211"高校的录取率合计只有21.3%，这可能是由于2016年申请者的筛选放松了对成绩的要求，导致2016年学生的成绩整体较低。但如果与全国性的数据相比，"985""211"院校的录取率还是非常高的。因此，在今后的项目中，我们应该着重探讨如何提高整体贫困生的高考录取率，即让更多的贫困学子可以进入大学学习。

第五，2016 年数据分析。

由于 2014 年、2015 年实验组与对照组的样本选择在操作层面上不随机，2016 年对样本的分组进行了改进，因此，我们对 2016 年的数据进行了随机分组的检验及数据的验证。由于项目的设计问题，样本中间存在换组和退出的情况，我们将换组、退出、流失的数据删除。400 人最终剩下 277 人进入分析的样本中。

对数据进行随机化验证，发现只有在户籍、家庭年支出及母亲职业三个因素上存在分组不平衡的情况。但由于样本中农村户籍的比例非常大，因此，户籍方面的分组不平衡基本不影响分组的随机性。在之后的数据分析中，对这些不随机的因素进行控制。

数据中还存在的一个问题，是中考成绩不可比。由于各省（自治区）的中考单独命题。因此，我们按照城市对学生的中考分数进行了标准化处理，作为学生的初始成绩，即能力依据。

我们对数据的分组采用了两种方式，一种是分为不同的干预组和对照组共四组进行分析，一种是分为是否接受干预共两组进行分析，即将 A、B、D 组进行合并，只看接受了资助这一行为本身带来的效果。

结果表明，无论哪一种分类，期末成绩的变化在各组之间并无显著的差异。分四组来看，接受无条件现金转移支付的 D 组的高考录取率在 1% 的水平上显著低于对照组 C 组，而高考录取学校的层级在 5% 的水平上要显著差于对照组 C 组。分两组来看，接受了干预的实验组的高考录取学校的层级在 10% 的水平上要显著差于对照组。也就是说，接受了资助并不能提高学生的成绩及高考录取情况，甚至接受无条件现金转移支付的 D 组的高考录取情况不如对照组 C 组。给学生提供资助与其在校学业表现和继续升学表现方面并没有显示出正向的关联。

二、访谈情况一（2014—2019 年圆梦助学项目）

数据方面的结果显示，在提高学生成绩及高考录取情况上，资助并没有发挥作用。但从目前的数据来看，我们无法得出资助未发挥作用的原因。同时，资助虽然没有在成绩的提高及高考录取方面发挥作用，但依旧可能在其他方面对学子带来了正面的影响。因此，我们选取了部分 2014 年、2015 年、2016 年参与圆梦助学项目的学子进行了访谈，想进一步探知我们未考查到的影响学子高中学习状态的因素，以及圆梦助学项目对学生的心理状态是否带来了影响，项目是否对学子产生了其他方面的正向影响。

结果发现，A 组、B 组对学生接受资助设置了条件，这些预设条件确实会对学生产生正面的影响，但物质带来的激励不会在根本上扭转学生的学习状态，不少学生表示，并不会因为是否接受了资助就改变自身原本的学习状态，因为高中学习的最终目的是"高考"，并非拿到资助。但 C 组的同学也有非常强的成就动机，成就动机来源于如果按要求完成情况汇报三一基金会会在大学继续提供资助，这一激励与原本为了高考而学习的内在驱动力加在一起，也会对 C 组学生产生强烈的激励作用。

同时，每学期 1500 元左右的资助金额在一定程度上并不足以对学生产生强烈的激励作用，并且，很多学生的这笔资金由父母进行保管，学生并无法直接将这笔资金进行分配，对学生的激励作用会大大减弱。

此外，被访谈的学生也提到，觉得自己成绩无法提高的原因在于学习方法不得当。贫困地区的教学条件与发达地区相比，师资、硬件等均处于劣势，如果贫困地区的学生无法接受与非贫困生相比更好的教育，这一情况并不是接受资助就可以改善的。

最后，贫困生的家庭所能提供给子女的支持较少，不少学生单亲家庭，或者父母一方长期不在身边，父母的缺位会造成学生性格内向，在同龄群体中自卑内向，不利于其健康成长。同时，父母的受教育程度普遍较低，在高中这一阶段父母并不能给予很好的指导，容易与父母产生代沟。这些家庭资本的缺失也并非现金资助可以弥补。

综上所述，在高中这一阶段对贫困学生进行资助带来的效果可能不如预期，主要的原因在于：第一，高中阶段学生学习的内驱动力更多的来自高考，资助并不会从根本上扭转学生的学习状态；第二，每年 3000 元左右的资助金额并不足以对学生带来超过对未来"考大学"的激励，这也可能对照组和实验组不存在显著差别的原因；第三，贫困高中生在教育方面存在的劣势，如师资、教学硬件等也是影响其成绩的重要原因，这些劣势并不能通过给予学生资助而发生根本性的扭转；第四，贫困生的家庭资本处于劣势，资助可以缓解家庭的经济状况，但父母指导的缺位所带来的劣势并不能缓解，贫困带来的性格缺陷在学习上也会有负面的体现。

三、访谈情况二（老圆梦助学项目）

老圆梦助学项目的资助主要针对的是大学阶段。项目在高中毕业的学子中选取部分成绩优异考入一流大学的学生，在大学阶段进行资助。从访谈结果来看，三一基金会提供的资助在大学阶段很好地帮助学子渡过了经济上的难关，可以让他们更加关注自己的学业或者发展更多的兴趣爱好，而不是疲于打工糊口。同时，在有了一定的经济支持后，在一定程度上可以减弱他们身上"贫困生"的烙印，可以更好地融入大学集体生活中。同时，三一基金会的负责人跟学子建立了更多的联系，常交流，在其价值观形成的时期给予了非常好的引导，更好地帮助他们树立更宏大的理想，希望他们可以用自身的经历影响到更多的人。最后，三一基金会为学生提供了一个非常温暖的团体，学生在这个团体中可以产生共鸣，彼此鼓励，互为榜样，这样一种同伴支持对其今后的人生发展都有着非常重要的影响。

但同时我们也看到，"贫困生"这一烙印在一些人的身上并不能完全消弭，学生在多大程度上可以接受三一基金会所倡导的价值观依旧与个人特质有直接关系。每个人的成长经历受到太多因素的影响，但不可否认，三一基金会依旧对学子的成长起了正向积极的作用，在他们迈向社会的第一步，给予精神与物质支持。

第二节　项目存在问题及原因分析

一、项目设计存在的问题

对整个项目进行梳理可以发现，在项目设计之初，一些关键性的问题没有被很好地考虑，这也是导致项目在之后的数据分析中存在很多障碍的关键因素之一。

（一）随机分组问题

项目在 2014 年、2015 年的分组并没有实现随机。

2014 年的项目设计方案是：根据申请者的材料确定 800 人左右的候选人规模，再以省区为单位按照随机的方式确定最终受资助对象 200 人。但从数据的分析来看，候选人在某些省（自治区）的占比非常高。所以无法得知候选人的确定是如何随机的。同时，对于未选中的候选人，再按照意愿的选择进入对照组。这里的分组方式也存在问题，800 人中 200 人随机进入实验组接受资助，剩下的 600 人再按照个人意愿挑选进入对照组。但实际上，愿意积极参与项目的同学一定会与其他同学在学习动机、自我成就感等方面存在着差异，即对照组与实验组的学生存在着一些我们无法测量的差异。

2015 年的项目方案调整为：对申请者按照成绩、申请表、申请书三项因素加权排序，排名前 200 的学生进入实验组接受资助。

而未被选中的学生可以申请进入对照组。这里实验组与对照组在成绩等方面就存在着差异。

2016 年的项目方案继续进行了调整：先选拔了 400 名学生进入圆梦助学项目，之后对 400 人进行随机分组，随机进入不同的实验组和对照组。

2016 年的分组符合随机分组的要求。2014 年、2015 年实验组与对照组由于项目设计的问题，都存在着差异。

（二）实验的预研究问题

从数据分析的结果可以知道，资助对高中生的学业成绩及高考情况并不会产生显著的影响。

资助对贫困学生的影响不仅仅是成绩这一外显因素，而在项目对于个人而言提供的资助并不多的情况下，资助对学生更多是帮助学生完成学业，减轻心理上的负担。辍学更有可能发生在成绩不好且家庭经济状况不好的学生身上。但圆梦助学项目的资助更多关注成绩相对来说靠前的学生。

因此，在进行实验研究之前，我们应该更好地梳理文献，建立资助与结果变量之间完整的因果链。对中间可能起作用的因素进行收集，构建合适的心理量表对学生的非认知因素进行测量。同时，在实验研究之前，可以进行适当的访谈研究，了解学生对于奖学金资助的需求，而不应该仅仅是根据了解到的官方政策制订项目方案。

（三）家人参与程度（也是项目执行中存在的问题）

项目在设计过程中未充分考虑家人对学子的影响。在项目进行过程中家人参与的程度并不一致：存在父母完全替代，协助填写材料、进行联络的情况。也存在家人、学生共同参与的情况，包括管理资金、资金的使用多个方面，这是绝大部分学生与家长的状态。一般来说，家长只是了解该项目并予以支持，相当一部分家长只是扮演资金管理的角色，而其他部分工作则是由学生自己来完成的。有些学子全程独立参与了项目，对于此类学子，父母往往在精神上给予较大的支持，在具体决策方面并不会做太多干涉。部分留守学生缺乏父母的关注，平时生活起居也是自己照料，因此与父母联系较少，独立支配资金。有些学子在高中阶段将资助金交由家人保管，在大学阶段自主管理。

在项目设计阶段没有考虑家人参与对数据本身带来的影响，更没有针对学生家长的参与作出详细指导与提示，因此出现部分数据（如家庭收入）只有父母较为清楚，部分学子因单亲无法填写另一方信息，父母不甚了解成绩排名，资金使用不明，资金管理方式随意等问题。最终也导致了数据收集的复杂性与不确定性，难以保证数据的真实性和有效性。

二、项目执行存在的问题

在对项目负责人及学子的访谈当中，我们发现，项目在执行过程中也存在一些问题。而执行方面的问题会导致收集的数据被"污染"或是质量较差。

（一）加入方式混乱

不同地区学子遴选的方式不尽相同，在信息实际传递、项目具体实施方式等方面存在较大主观因素。有些地区项目信息公开透明，学生自主申请后学校会综合考虑学生成绩和家庭经济状况进行筛选；有些地区根据中考成绩排名筛选家庭经济困难的学生；个别学生加入项目是老师个人的决定；还存在申请者主动联系志愿者等情况。较多入选学子并不十分了解三一基金会和协议内容，只知道有资助便申请了，对于项目的背景信息也鲜有同学做调查。

整体来看，加入的契机主要有学校（老师）通知、志愿者联系、学生主动联系三类。选取受资助群体存在较大的随意性，比如，由老师直接决定、方便志愿者联系等因素经常掺杂其中。另外，信息只是有效地传递到个别同学，产生这一结果一方面是由于学校（老师）主观决定因素导致的，另一方面在于项目宣传不够存在某种程度的隐蔽性。

（二）数据污染

在项目执行的过程中，存在一定程度上的数据污染。例如，有若干家庭有 1 名以上的家庭成员参与了项目，同一家庭成员分在了不同的组别；有学子在详细了解项目协议后，了解到分组是随机的，也清楚他人的组别，甚至还有学子从项目伊始就以"第三方"

的视角看待整个项目。

这些情况会产生一定的溢出效应，即对于某一特定资助对象的资助会影响其他受资助对象的认识或表现。而项目在没有对溢出效应做设计和特殊处理的前提下，造成了数据污染，无法保证随机试验的科学性。

（三）志愿者的执行力参差不齐

在访谈中发现，只有极少数志愿者能够发挥更深层次上的精神关怀与引导作用，大部分志愿者在完成本职工作时依然存在缺陷，主要表现在以下几点：

其一，持续性差。若干志愿者由于已开始工作或出国留学，已经完全无法参与到圆梦助学志愿服务中，有些学子志愿者多次更替，志愿者工作质量得不到保证。

其二，缺乏沟通。大部分学生与志愿者之间的沟通较为淡漠，停留在材料填写的传达和解释层面，并无更多的接触。事实上与志愿者沟通是一种有效的内在激励，存在某种程度的同伴效应，与资金激励相比，这种激励往往能够起到超出预期的效果。

其三，缺乏培训，工作缺乏统一性。项目本身要求志愿者到当地进行实地回访，但实际项目开展中由于各种原因，更多的志愿者并未能到当地进行回访，学生汇报的数据及信息的质量良莠不齐，对整体的信息收集及数据质量存在不利影响。

（四）数据收集工具复杂

问卷填写的复杂性几乎所有学生和家长都在访谈中提到，多数同学反映填写程序复杂、烦琐，存在页面不能保存、信息了解不及时等问题。在问卷的设置上可能还需要考虑一些伦理的、科学的设置。比如，在访谈中填写双亲信息的一项，有学生反映自己是单亲家庭，有些信息无法反馈也无项可选。

作为科研研究的基础性工作，数据收集会直接影响分析工作的展开与分析质量，因此，亟须开发科学高效的信息收集工具。

（五）数据收集质量欠佳

在进行资助之前，项目收集了学子的中考成绩，但没有考虑到中考成绩与高中成绩不可比，因为中考成绩的信息填写基于初中情况。同时，中考成绩在各城市之间存在差异，虽然我们对中考进行了标准化处理，但有的城市人数过少，标准化的处理方式也存在问题。在学生收入和支出的填写上，很多学生在备注里都说明很多数据由于自身不清楚是估算，甚至每学期也会有很大的差异，导致每学期填写的收入支出数据很难拿来做分析。

三、效果未达预期的原因

第一，项目的信息收集依靠志愿者与学生的沟通，这就对志愿者有很高的要求，需要志愿者理解问卷的意图及如何填答并将相关信息准确传递给学生并指导学生填写。在对退出学子的信息收集及后续的访谈中我们可以看出，部分志愿者不负责，不能跟学生进行有效的沟通，很多信息的收集就会不准确。

第二，接受资助是在学期初，家庭收入与支出指标的填写是在学期末，这中间存在时间差，无法很好地衡量资助对学生经济状况带来的影响和改变。

第三，很多学生的资助由父母支配，补贴更多是用于家庭的支出，平均在学生的身上数额就会非常少，他们无法对这笔资助有具体的感受，也不会因此而激励他们努力学习。

第四，圆梦助学项目中，在高中这一阶段进行资助，我们没有发现可以提高成绩或身体状况的中介因素（资助不能直接提高学生的成绩或改善身心状况，而是通过其他因素影响学生成绩或身体状况）。首先，部分高中收费很低，尤其是对于贫困学生，会有非常多的减免政策，高中阶段的学费不会对家庭造成经济困扰。其次，高中阶段的主要目标是考上大学，而考上大学这一目标本身已经对学生产生了非常大的激励，也就是说，无论有没有这笔资助，都不会改变大部分学生想要考取好大学的目标。最后，高中阶段的身体成长不会有太大的变化。

第五，贫困导致的父母长期在外打工，父母陪伴缺位，父母由于受教育程度较低无法对孩子的学业进行指导，或是贫困所带来的学子心理状况的内向与自卑，以及其他非认知因素的差距，这些都不可能通过短期的资助而得到改善。而这些因素又是影响学生成绩或身心状况的重要因素之一。

第三节　相关改进建议

一、项目设计

（一）实验的预研究

在进行实验之前，需要更加谨慎地建立研究的因果链，除了查阅相关文献资料外，应该进行一些访谈，了解资助与效果之间是否存在因果关系，如果二者存在关联，是哪些因素在起着决定性作用。

（二）数据收集考虑非认知因素方面的指标

某一政策不仅会影响学生的行为表现，更会对学生的非认知因素产生影响，而且非认知因素可能在学生的某些行为表现上起着决定性的作用。尤其对某一特殊群体而言，了解他们非认知能力（比如自控力、自信心等）的变化可以为因果解释提供更多的支撑。因此，可以借鉴一些心理测量表，收集学生非认知能力的变化情况。

（三）更加科学谨慎地分组

2016 年的分组是科学有效的。如果三一基金会后续还要进行类似的实验研究，那么在对样本进行分组方面，我们要确保实验组与对照组在分组之前不存在差异，起码在项目设计阶段，应该对样本进行划定之后再进行分组。

二、项目操作

（一）志愿者

在之前的项目操作中，志愿者的持续性差，与学子缺乏沟通，由于缺乏培训导致数据的收集质量较差。在之后的项目中，应该对志愿者进行更好地监管。如果可以，志愿者的活动也可以由专门的工作人员来完成。与学子的联系可以通过建群的方式统一联系，减少志愿者工作中的随意性。

（二）简化操作流程

在汇报表的填写中，很多学子都反映流程复杂，操作系统容易崩溃。因此，在收集数据时，我们更应该审度数据的收集是否必要、是否合理。在分发汇报表前，应该进行多轮的试填写与修改，以确保学子可以更高效准确地完成问卷的填写。此外，一些数据可能并不适合由学生来填写，比如家庭收入支出、年级人数等，针对这种情况，我们也可以设计针对老师及家长的问卷。

三、项目内容

（一）机会支持

对于已经上了大学的部分学生来说，目前多样的奖学金、助学金体系及日常兼职已经能基本足够支撑较为宽松的生活。但缺乏机会，其中包含实习机会、社交机会、同伴间能够给予的支持等。孤立无援的状态是大多数贫困学生从高中甚至出身伊始就面对的。对于目前正处于大学阶段的他们来说，能够接触更广阔的社会、能够拥有更多志同道合的同伴、能够有人为其解答疑惑指明方向是更加重要的，这也是援助需要更加关注的方面。

因此，在之后的项目中，除了资金的资助外，对学生提供机会支持也可以纳入资助体系当中。

（二）同伴效应

项目的同伴效应存在明显的新老差异。湖南籍的老圆梦学子感受到较大的同伴激励效应，而2014—2019年实施的圆梦助学项目中，学子较少受到同伴效应的影响。在2014—2019年实施的圆梦助学项目中，几乎所有访谈者都处于比较孤立的状态，只存在与志愿者的单线联系。只有少数"幸运儿"遇到了愿意"超额"完成工作的志愿者，感受到同伴效应并受到正向影响。因此，在之后的项目中，可以考虑将接受资助的学生组成一个互助团体，可能学生在其中会获得更明显的收益。

参考文献

［1］陈思，丁延庆，刘霄，等.农村学生"高分低录"的现象及原因——基于宁夏高考数据的分析［J］.教育经济评论，2018，3（2）.

［2］傅松涛，郭徽，耿兆辉，等.通向未来的护照——美国加州圣荷塞"Gear up 工程"述评［J］.河北大学学报（哲学社会科学版），2007（4）.

［3］李欣颖.分析普通高中贫困生自尊和资助方式偏好性的关系［J］.财经界，2016（33）.

［4］穆伟山，陈思.对建立我国贫困高中生资助制度的探析［J］.教育探索，2010（6）.

［5］司树杰，赵红.巴西家庭补助金项目——有条件现金转移支付项目在教育扶贫中的应用［J］.中国教育发展与减贫研究，

2018（1）.

［6］汪传艳. 建立农村普通高中贫困生资助体系的实证研究——基于湖北省 Z 市的调查［J］. 湖南第一师范学院学报, 2010, 10（6）.

［7］汪三贵, 曾小溪. 巴西的有条件现金转移支付计划［N］. 学习时报, 2016–03–17（2）.

［8］汪三贵, 曾小溪. 有条件现金转移支付减贫的国际经验［N］. 学习时报, 2016–02–25（2）.

［9］肖华. 贫困高中生纳入国家资助体系——让更多的学生受益［J］. 教学与管理, 2011（7）.

［10］杨东平. 高等教育入学机会：扩大之中的阶层差距［J］. 清华大学教育研究, 2006（1）.

［11］易红梅, 何婧, 张林秀. 有条件的现金转移支付承诺对贫困学生高中完成情况的影响研究［J］. 北京大学教育评论, 2019, 17（2）.

［12］张彬. 高中生对国家助学金资助政策认同研究［D］. 广州: 暨南大学, 2015.

［13］赵雨桐. 高校助学金资助政策实施成效评估［J］. 科学咨询（科技·管理）, 2019（5）.

［14］ALM J, WINTERS J V. Distance and Intrastate College Student Migration［J］. Economics of Education Review, 2009, 28（6）: 728–738.

［15］EAMON M K. Social–demographic, School, Neighborhood, and Parenting Influences on the Academic Achievement of Latino Young

Adolescents [J]. Journal of Youth and Adolescence,2005,34(2), 163-174.

[16] JABBAR H. The behavioral Economics of Education: New directions for research [J].Educational Researcher,2011,40 (9).

[17] LESLIE L L, BRINKMAN P T. The Economic Value of Higher Education. American Council on Education/Macmillan Series on Higher education [M] . London: Macmillan Publishers limited, 1988.

[18] MANI A, MULLAINATHAN S, SHAFIR E, etal. Poverty Impedes Cognitive Function [J].Science (American Association for the Advancement of Science), 2013, 341 (6149).

[19] OREOPOULOS P, DUNN R. Information and College Access: Evidence From a Randomized Field Experiment: Information and College access [J].The Scandinavian Journal of Economics, 2013, 115 (1).

[20] YAMPOLSKAYA S, MASSEY O T, GREENBAUM P E. At-Risk High School Students in the "Gaining Early Awareness and Readiness" Program (GEAR UP): Academic and behavioral outcomes [J].The Journal of Primary Prevention, 2006, 27 (5).

附录　访谈节选

第一节　访谈对象画像

一、老圆梦助学项目：6 人

老 -1：女，本科就读于长安大学。本科毕业后直接工作，现今在某县财政局工作。

老 -2：女，本科就读于北京大学，硕士保送北京大学。毕业后在外交部工作。

老 -3：男，本科就读于湖南大学。本科毕业后在某汽车公司工作。后考研中山大学。

老 -4：男，本科就读于空军工程大学。本科毕业后在某部队工作。

老 -5：女，本科就读于郑州大学。硕士就读于中国科学院。

毕业后在互联网公司工作。

老 -6：女，本科就读于湖南大学，直博清华大学。毕业后为某中学老师。

二、圆梦助学项目（2014 年）：7 人

2014-1：A 组，男，汉族，城镇户口，录取清华大学。父亲大学学历，母亲高中学历，家境与其他同学有较大差距，另获得其他资助 1000 元。成绩突飞猛进。

2014-2：A 组，女，汉族，农业户口，4 级残疾，录取湖南第一师范学院。父母初中学历，生活费低于其他同学。成绩稳步提升。

2014-3：B 组，女，汉族，农业户口，录取大连海事大学。单亲家庭，留守家庭，有其他资助。成绩稳步提升。

2014-4：B 组，女，汉族，农业户口，录取湖南大学。母亲农民，小学学历；生活费远低于其他同学，有其他资助。学习成绩稳步提升。

2014-5：B 组，女，汉族，城镇户口，录取长沙民政职业技术学院（专科）。父母失业，家境贫困，生活费低于平均水平；有其他资助。成绩有轻微波动。

2014-6：C 组，女，汉族，农业户口，录取南开大学。父母离异，父亲在外地工作。成绩稳步提升。

2014-7：C 组，男，汉族，农业户口，录取清华大学。家境普通。成绩稳居年级第一。

三、圆梦助学项目（2015 年）：9 人

2015-1：A 组，后期转入 C 组，女，汉族，农业户口，常年经受病痛干扰，录取西安石油大学。父母受教育水平中等，父母年龄偏大。成绩在后期明显下降。

2015-2：A 组，男，白族，农村户口，录取中央民族大学。生活节俭，生活费低于周围同学平均水平。成绩轻微下降。

2015-3：B 组，后期转移到 C 组，男，录取陕西国际商贸学院（高职）。成绩下降幅度较大，但后期成绩又有所提升。

2015-4：B 组，女，汉族，城镇户口，录取中国人民大学。家庭有稳定月收入，但多位亲属身体状况不佳。排名较为靠前且稳步提升。

2015-5：A 组，男，汉族，农业户口，录取湖南外贸职业学院。生活费低于平均水平，成绩有明显提升。

2015-6：C 组，女，汉族，农业户口，录取中南林业科技大学。有其他资助，生活费略低于其他同学。学习成绩稳步提升。

2015-7：C 组，男，土家族，农业户口，录取湖南农业大学。生活费略低于其他同学，没有其他资助。学习成绩起初较差，后期年级排名稳定靠前。

2015-8：C 组，男，汉族，城镇户口，录取西北工业大学。母亲受教育程度较低，单亲家庭。成绩居上。

2015-9：C 组，男，汉族，农业户口，录取西北工业大学。父亲受教育程度高。成绩一般且起伏较大。

四、圆梦助学项目（2016年）：9人

2016-1：A组，男，汉族，城镇户口，录取西北工业大学。家庭收入很低，单亲家庭，常年与爷爷奶奶居住。成绩前期稳定，后期提升。

2016-2：A组，高二下移入C组，男，汉族，农村户口，目前（2019年下半年）正在复读。家庭收入较低。成绩在后期有明显下降。

2016-3：A组，女，侗族，农业户口，录取中南大学。家境普通，生活费低于周围人平均水平，有国家助学金及其他扶贫资金。

2016-4：A组，女，汉族，农业户口，录取湖南涉外经济学院。父母受教育程度相对较高，务农，有贫困生助学金。后期成绩有明显提升。

2016-5：B组，男，汉族，非农户口，录取北京邮电大学。父母高中学历，在外长期打工，家庭收入高于周围平均水平，生活节俭。成绩稳定，年级排名靠前。

2016-6：B组，女，汉族，农业户口，录取中央民族大学。家庭收入较低，生活节俭。成绩稳定。

2016-7：B组，男，汉族，城镇户口，录取同济大学。父母皆在行政事业单位工作，受教育程度较高。成绩优秀。

2016-8：C组，女，农业户口，录取浙江大学。家庭收入中等。成绩优秀。

2016-9：D组，男，农业户口，录取红河学院。父母务农，家

庭年收入水平在受资助群体中较高。成绩一般。

第二节　焦点访谈节选

访谈时间：2019 年 10 月 24 日下午

参与人：H（主访谈人）C（副访谈人）Q（记录人）

访谈对象：5 人（均在北京上学）

问：你们当时是在什么机缘下得知这个项目的，是通过老师还是通过志愿者？获取信息的渠道主要是什么？

答 1：当时是一位大很多级的学长宣传，他一直都是志愿者，之后学校下达班级宣传，当时班内有很多人报名。大家都不懂，老师也不懂，同级的同学了解这个项目的都不多。

答 2：我是高三毕业的时候班主任直接推荐的。湖南省是从 2007 年开始的，有一定基础，学校也比较了解，老师也比较放心，直接推荐到夏令营，参加这个活动，结束后选了 10 个人继续参加这个项目，根据高考分数和录取学校进行筛选。我高中毕业才用手机，获取信息的渠道非常有限和单一，渠道只有班主任。现在会有一些志愿者，做普及和宣传活动。进入这个环境之前我完全不知道圆梦的流程。夏令营持续了一个多月，是全天的，跟活动的组织方也会有比较全面的接触。三一集团在湖南省的名气很大，大家本身对这个集团有很高的信任度。

答 3：2014 年高一刚上来，学校有通知，大家就去报名，本以为是一个已经有很多经验的活动。志愿者只是电话上联系，学校也只是进行通知，不会做干预。

答4：也是学校通知，从初三班主任那里了解到的，2016级高一的同学没有成绩要求，2016级之前有要求。河南教育比较严格，很多事情主要是妈妈和班主任联系，了解的应该比我更多。后续基本上都是妈妈在和班主任沟通。

答5：高一的时候，先军训，放假回家班主任给打的电话，当时只有一个人报名，因为我是农村户口且成绩靠前。对接我的志愿者是班主任的女儿。

问：你们当时是有多少人报名，最终入选了多少？你们之间有交流吗？

答1：我们当时最后报名的人老师只抽了2个人送上去。

答2：当时报名的人还挺多的，班级有一半人都报了名，最后班级只有2个人，学校有3个人（入选）。当时申请成功之后寄了材料，只要按照规定上报材料，反正也没有什么坏处。我们当时只有A、B、C三组，圆梦学子之间没有进行过多的交流。之后的同学有没有报名都不太清楚。

答3：当时有十多个人报名，最终多少我不太清楚。

答4：高一的时候在一个班，后来变成了文科班，高一的时候就我一个受资助，转过去之后有两个，资金好像是一样的，但是不确定是不是在同一个组。

问：你们都知道自己在哪个组吗？和你们同时入选的学子都是在一个组别吗？

答1：后来才发现有个高中同学是我们班的，我们互相之间都不知道。就问过一次 A 组的同学，没有得到答案，有猜到别人金额会比自己更高。不知道有什么组，因为没有微信群。

答2：整所学校就三个人，聊了一会儿天知道了这个项目，也知道资助金额不一样，互相会沟通一下。第一时间不知道是随机分的，后来发现了。知道另一个同学在 A 组单纯就是因为关系很好。看到官方信息简介，后来才知道自己被分到了 C 组。

问：是否存在选取学生的情况？标准是什么？

答1：上面安排的联系谁就联系谁，具体怎样操作就不知道了，可能会考虑一部分因素。

问：（追问其他同学）志愿者是否和你们进行了有效的沟通？对项目有困惑时志愿者是否能给予解答？

答1：志愿者和表哥是同学，第一次申报材料时和他见过一面，之后都是通过网络联系。其实挺疏远的，会很紧张，还是有点怕学长。

答2：我有两个志愿者，一个是比我大一届的学姐，还有一个大两届的学长，都是武汉大学的。认识的人给自己当志愿者我觉得还是很好的，如果有机会我也会做志愿者的。

答3：做志愿者对接三四个人，有一些是新申请的，有一些是加入了好几年的，志愿者针对可能的问题进行分类并进行基础培训，是那种志愿者培训，在网上传材料自主学习，也会通过小组学习形式集中解决问题。

问：当时你们填材料主要是通过什么方式？有没有遇到过什么问题？

答1：用手机填的，每次填都很生气，总是要反反复复重新进入页面，页面需要优化。当时没有手机没有微信，对信息了解很不及时。

答2：一开始用纸质，后来当志愿者要解答问题，也很麻烦，网页不能保存，设置得不好。

答3：确实，填报的系统变了很多版，问卷星、网页版等。

问：家人对圆梦项目的了解程度是多少？父母是否了解项目的资助方式和资助金额？加入圆梦助学项目后，家人是鼓励你更多还是施加压力更多？

答1：我是受不了压力的，如果掉出来我可能不行。当时成绩在年级22名左右。B组的条件对我来讲是激励，A组才是压力，B组确实挺适合我的。我的高中感觉就很平淡，没有每天很紧张，正常打球，还每天回家吃饭。妈妈的态度就是"那你就努力一点呗"。当时没有考虑上大学以后会怎么样。

答2：父母参与比较少，跑到姨家填材料，填了好久。填合同的时候父母嘱咐说要看仔细点，首先多了解点再自己去处理，他们过问很少。我的表哥也申报了但是没有通过。

答3：还是比较在意这笔钱的，父母也不会给我很多压力，一直说尽力就好。父母没有对我有太多要求，但是稍稍有一点严肃。

问：加入圆梦助学项目后，项目是否在你身上产生了持续性影响？你觉得这个项目有激励作用吗，或者说对你产生压力吗？

答1：我们那边很少有人了解这个项目，一年3400元的资助至少不会让我觉得随便考考就算了，这也会成为学习的动力，因为学校的资助只有1000块。我第一次考试就进了圆梦助学项目的范围，只要不掉出那个范围就好。第一次考试不知道自己能考那么好的，怀疑大家是不是都不学习。我觉得如果没有这笔钱可能就会觉得偶尔考差一次没有关系，有了这笔钱就会时刻提醒自己保持警惕。

答2：考进清华：给自己定的目标是115/120就行了，考了一次期中之后发现还不错，就能维持着一种自信心。我的动力就是上了大学就有资助了。当时认真阅读了协议，包括之后考托福免费等。在我的选择上，父母是不会干预的。有一件我比较自豪，就是从大一开始就没向家里要过钱了。我个人觉得这种事情还是自己把握比较好，当然父母的期望也占很大一部分，主要还是个人对未来的期许。

答3：高考的压力还是最大的，会为获得资助努力，但主要还是自己学习。

答4：可能没有什么激励，资金的确能够减轻经济负担，上初中之后家里主事的是我，这笔钱基本上覆盖了一学期的学费（各种补课费），使我能够安心地学习。压力的话，成绩不能下降才能一直保持在 A 组。高中三年都在学习，在意还是很在意的，但是想想我每天学习应该还是很稳吧，不可能说天天学还下降吧。外部的资助对自己的影响没有那么大。现在觉得应该要继续保持下去，如果真的没了，也无所谓，自己也可以去勤工助学或兼职。这个项目在高中时期，对我来说是减少了后顾之忧。

问：是如何分配资助金的？是由父母支配还是个人支配？这笔资金在家庭收入中占到了多少比重，对家庭生活的改善有实质性的帮助吗？这笔资金是否用在了与学习相关的事项上？具体内容是什么？

答1：一年 2000 元，这个钱在自己的卡里，给完很长时间由我自己支配，按年支配，算是自己赚的零用钱，不太想管家里要的时候就会用这个。妈妈在广东打工，上高中了就可以自己支配钱了，弟弟和我都不会乱花钱，妈妈对我们很放心。最大的改变是手里从没钱到有钱了，我一般不会告诉我妈妈我花了多少，但是想买衣服的时候就会自己买，资料费都是我自己交，学校没有补课费。

答2：卡是父母保管的，用来交学费，可能会给弟弟，上大学了还是妈妈支配。爸爸妈妈每次做事都会和我商量，我和我弟的学费都靠这个。

问：为何选择来北京念书？选择专业时考虑的因素有哪些？

答1：我表哥在中央民族大学读书，我本来想去南京审计大学，后来受表哥影响就来北京了。在整个决策的过程中，我基本上是听别人建议，那时有一点想复读，选地区在选学校中不是占主导地位，家人想让我报会计、审计，快要决定的时候我表哥说，做什么工作还是要看自己，你要去了解才能知道，最后没能上中央民族大学的法学院，读了工商管理专业。

答2：我研二的时候，看到过领域内最好的做学术的学者，决定硕转博继续念博士。一开始有科研追求，在科研中所获得的成就感和乐趣相对于我面临的压力要多很多，但是不想再走下去了。我还是很喜欢教育这个行业，这可能跟三一基金会的影响也有关系。希望自己可以给别人带去更多的影响。我们高中毕业之后才用手机，当时选择华南理工作为第一志愿，因为家人在广州，按照排名筛学校，我那一届考题难度不大，我也考砸了，在我的分数段人比较多，第一志愿落选了，第二志愿填的湖南大学。当时的华南理工和湖南大学的录取分数线都涨了。我是压线进去的，调剂到化工院，当时还想转专业，后来发现我很喜欢这个学院，老师和同学给了我很大的关爱，读硕士时的专业才是我自己选的。

答3：我一开始对选学校很上心，大概高三的时候就去看，去知乎贴吧上。我当时就觉得自己挺喜欢化学的，就疯狂想去北大，但看知乎各种劝退，后来就想去北大元培学院。当时考完结果真的不是很好，还去找北大、清华的招生组老师聊。（我）一心想要去北大，家里人的想法就是想让我去清华。

答4：我当时不考虑学费高的，只考虑专业本身和地域。觉得这个专业（计算机）比较稳，我这个人很随意。当时去华南理工，"985"的学校可能上不了计算机。高考前没有看，知乎上的风评就是计算机好，报志愿的时候还是主要考虑自己的发展。

答5：高考那段时间得了肺炎，本来是想复读的，妈妈看我太累了就说不要了，华中科技大学自主招生过了，填了22个志愿。国家专项10个，自主招生2个，1批10个。当时只考虑"985"高校和"211"高校，三一基金会给的条件对选专业还是有影响的，当时还不知道中央民大，没有太考虑地域因素，本来想去兰州大学。从小就想做创作发明、网络技术、计算机、人工智能、自动化，填志愿的时候明确了自己想要做什么，后来进入大学就保研一个目标了。

问：圆梦助学项目给你带来的最深影响是什么？

答1：价值导向、情感上的帮助，这些对我个人成长的影响非常大，至少所有参加圆梦助学项目的学生每年在六七月份都会在长沙聚一次，持续三四天，对一年的生活与经历沟通、交流，发表个人的观点。当时，最早一批会比我们大三四岁，也会在这样的沟通会上与我们分享。会有晚宴，那是我第一次穿礼服。三一基金会对我来说会有非常多难忘的回忆，包括对我个人生活上的影响，还有价值取向。我们当时的志愿者可能也没有手机，也不方便联系，大家在一起待了一个月，感情很深的。就是已经参加过这些活动的学姐在帮助我们。这种活动也是需要学子配合的，有时候发现人家不愿意跟我交流。从大一进入这个项目，个人对生活的规划，对周边世界的看法发生了非常大的变化，三一基金会非常像我的一个导师，我也愿意把这份感情传递下去。上了大学之后三一基金会对我的帮助才在价值观上有了更大的影响，那时候有自己比较主观的选择，有了自己的判断。如果我是本科毕业的话，可能会直接去化工厂工作，三一基金会让我在经济上没有太多的顾虑，我可以比较自由地选择学校和专业，因此能够进入清华。

问：对圆梦助学这个项目有什么建议？

答1：之前在高中接受三一的帮助，对大学的帮助没有多少了解，甚至不知道上大学还有资助，不知道要重新审核，不知道上一个更好的大学会有更好的帮助。可能三一基金会需要加大宣传力度，但是压力太大也不好。当时我是在查证之后很放心地去报的，可能大家对这个项目都不了解，有交流可能会比较好。来之前也是比较害怕的，如果能见到很多优秀的学长、学姐还是比较好的。我也很珍惜这次机会。

答2：圆梦助学项目在我们那时的价值理念就是在自己的领域内做到非常出色，如果有余力的话再对这个社会有所回馈。当时的大学生还比较迷茫，而三一基金会给了我一个比较明确的目标，有一个向上的动力。三一基金会对我能进入清华还是有比较大的帮助的，这种价值取向还是有比较大的帮助的。从高中进入大学之后，每个人的价值取向都是不一样的，你的兴趣点在那里，慢慢地和三一基金会的朋友进行摸索，从他们身上学到了很多，获得了更多同伴的支持。每次在给资助的时候会把所有学生集中到一所学校举办活动，形式还是比较丰富的，志愿者基本都是各大高校的学生，可以和志愿者进行自由交流，玩游戏，会有一种深度参与感。当时是有竞争感的。通过成绩达标和提升自己专业能力与获得资助是统一起来的，大学期间有这份资助帮助是很大的。我还蛮建议学弟学妹们做一些公益活动的，每参加一次公益活动，在和大家一同参与活动的过程中还是会有很多心得体会的。

第三节　一对一访谈节选

电话访谈——圆梦 2014-1 A 组

问：当时是如何得知圆梦助学项目的呢？

答：当初是自己班主任介绍的，只是高中班主任随便讲了一讲，当时也没有多少人申请，偶然看到，觉得我可以试一试，因为设置条件上挺苛刻的，我就想试一下，然后我就发了个电子邮件，最后还真的收到回复了。

问：当时是班主任告诉了你这个消息，之后也没有管你，都是你自己去网上进行填报申请的，对吗？

答：当时班主任也不是很了解，大家也都没有听说过。

问：有没有了解同期的其他同学，当时是只有你一个人加入了这个项目吗？

答：当时班级里也有其他人加入了这个项目，但是不在同一个组。

问：你们当时加入这个项目是不是签订了一个协议？

答：当时签订了一份协议，后来又寄了回去。

问：当时有仔细阅读这份协议吗？

答：我大概记得里面的内容。

问：在加入这个项目之前有去了解这个项目背后的组织吗？

答：知道三一基金会属于三一重工。

问：知道 A、B、C 组之间的差别吗？

答：知道 A 组会有资助，C 组只是一个对照组，但是在上大学之后一定情况下会给你一定的帮助。

问：当时会跟 C 组的同学进行一些交流吗？

答：自己平时也不会去跟 C 组的同学联系，志愿者当时也建了群，我知道他是 C 组，但是他不知道我是 A 组。

问：参与项目设定一些条件，比如，你的成绩要持续地维持在一个什么样的水平，才会继续给你提供一些资助，这个条件会不会对你产生一些激励的作用呢？

答：在高中的时候会很难，因为要求是在年级前 5%，成绩不能掉出年级前 5%，对我来说很难，意义也并不是很大。

问：大学之后会继续给予帮助，这个条件会不会对你有一种激励的作用？

答：大学的话，我觉得如果把成绩保持在年级前百分之五改成学分绩点（GPA）保持在 3.5 以上比较合适。

问：你觉得这个项目对你来说它最大的意义是什么呢？

答：它其实会给你一种莫名其妙的希望，比如说你有出国的打算，但是你没有钱，考托福也考不起，考得再好也没有什么用，但是这个时候感觉有人帮你去建立一个台阶，你自己再踮一下脚，你就能够走上去的这种感觉。高中的时候就知道了这些，这个项目会帮助支付第一次考托福、雅思的费用，还有出国的机票与办理签证的费用。

问：你家里人对你接受这个项目有什么想法？他们会给你一些精神上的关心支持，还是说会给你一些压力？

答：他们最开始支持我去试一下这个项目，因为前几年的时候，家里当时经济有一点点小问题，然后这两年在今年的时候，其实他们不是很在意每年的生活费，他们就觉得即便你提供几千块钱的资助，家庭本来还是能承担得起，就算经济确实不是很好，但是至少钱还是拿得出来的，但是现在希望借着这个项目可以出国之类的，就是对这个项目的关注点会变化。

问：这个项目对你有没有一些影响呢？

答：这个项目也不能说一点影响都没有吧，最起码保证了我的生活费，让我不用去烦恼这些事情，能够让我更专心地去学习。

问：之前联系你的志愿者，他有对你提供一些什么帮助吗？

答：高三的时候会有志愿者，每学期会来帮我们整理信息，填写调查表，当时志愿者已经大二了，然后我们没有手机，没有办法聊天，帮助基本上是远程的。

问：之后有什么打算？

答：在清华每个同学情况都很复杂，很难保证能不能够出国，即使不能出国，还是要继续读书，读书的话能不能保研也很难说，今年的保研率大概也是 35% 左右，比较普通的专业保研率依旧很高，但是类似于自动化这种比较热门的专业，就是保研率比较低。最想的还是能够保研，继续在清华读下去。

问：对于三一基金会有什么建议？

答：高中的时候就想只能提供一些生活费，到大学的时候，经济支持可能并不是最重要的，希望能够帮助到自己出国或者人生发展方向，但是这样感觉有些不太现实。其实说实话，可能对这种一个小集体的伙伴计划没有什么兴趣，在不同的学校，意义可能不是很大，大家互相之间也不清楚彼此的情况，会说一些无意义的话。但是如果反过来，邀请工业界很厉害的人、科研界很厉害的人，能够邀请这样的人来做讲座，岂不是很好？让他们来做一些人生经历分享。

问：加入了这个项目之后，会不会对你做公益的想法有一些改变？如果未来有机会的话，会不会也选择做一些类似的公益去帮助其他的人？

答：以后会做公益，但是不会作为工作。这也是受到了基金会的影响。其实基金会也是在告诉大家什么样算是一个很好的NGO，一个NGO在干什么，因为他会经常发一些文章，告诉大家协会内部是怎样运转的，就相当于它能够让我真实清楚地了解到工业研究是怎样去运转的，他们是靠什么维持活力，他的工作有什么意义，相当于能够让我在这一方面比别人了解更多的东西，我也更倾向于去选择这方面的工作。准确来说，基金会让过去在环境学院读书的我有了以后想在非政府组织也就是NGO工作的一种打算，自己本身是没有加入任何NGO的。自己有想过的NGO大概有两个方向会想要参与的，一个是扶贫，另一个是环境保护。

实地访谈——圆梦 2015-1A 组后转至 C 组

问：你是在什么样的机缘下知道我们这个项目的？

答：以前忘了是高一还是高二的时候就有，应该是有人来宣传，是有人来联系学校的人，让所有人（老师）来宣传。但是，应该是如果有人觉得自己需要受资助的话可以把名字报上去。

问：他们是在你们学校开了个宣讲会还是做了什么？

答：应该是到每个班单独宣传的，然后当时宣传单给了每个人，但是没有人去。我是在周末的时候回家看了宣传单，我觉得好像也挺简单，自己写了份申请书，把家里情况填了一下。然后我就申请了，结果没想到就过了。

问：过的人多吗？

答：我不知道，同学都是在学校申请的，我是自己在家里申请的，我们是分开的。高一还是高二的冬天，当时负责的老师说大家一起见一面，就在学校附近，然后我去的时候看到有熟人，但是我不认识，脸熟的那种。

每年都有个评估的表，大概是要看你的学习情况变化，因为高中是按学期来的，每学期都要填一个表。但上大学后我都没有填过，还有点奇怪，但是我没有去问。上次工作人员给我打电话，他告诉我好像是协议里面提到过的，但是我没有认真看明白。

问：你在加入这个项目的时候，你有去了解它的背景情况吗？

答：当时大致看了一下，现在已经记不清，没有任何印象了。

问：现在对基金会或者对圆梦助学计划都没有印象吗？

答：他们什么题目我记得不是很清楚。

问：那你知道有分组吗？

答：不知道。

问：你知道自己在哪个组吗？

答：最初是在 D 组，然后当时好像高二升高三有一段时间比较厌学，就缺了好多次考试，考试总评跌到班上多少名之后就会被刷到其他班级。但我那段时间感觉特别不喜欢那个班级，不想学习，就想去其他班，好多次就没考试，成绩总评就下降了，然后被老师叫去批评了一顿。那个时候的成绩变动特别大，还存在缺考，就被调去了 C 组。

问：那还是了解的。

答：钱有减少。C 组的话是提供通信费用，电话费。

问：当时有没有对你造成什么影响？

答：我觉得心理上面没有，我觉得是因为我自己当时很想换班级。

问：你当时觉得有什么样的问题？

答：我高中的时候不太擅长去跟别人讲什么，所以同学、家长、老师其实都不知道我心态已经崩了，所以大家也很少管我。我每天不停地看小说，然后上课睡觉，过得比较混沌。

问：有没有想过你当时主要的原因是什么？

答：我就感觉特别难受，不想学习。就总想回家睡觉，躺在椅子上看看星星看看月亮，不知道自己在想什么，但那个状态我自己我觉得很舒服。后来慢慢调整过来了，就不怎么翘课认真学习了。

问：一下想通了？

答：也没有想法。有一段时间很纠结我选文科理科这个事情有没有选错。

问：你选的是理科对吧？

答：对，我特别喜欢生物。

问：到了高三，你还在质疑有没有选错吗？

答：也没有说我不后悔自己选择，我觉得生物、物理、化学还是很有意思的，我也喜欢。但我高中数学特别差，偏科比较严重。我是语文课代表，每次语文基本上都是前几名；生物也觉得是擅长的科目，不学也能懂；数学的话，听是听得懂，但是不会做题，每次都是考倒数第一第二。生物如果考第一数学就是倒数，一直此起彼伏，基本上每次都是，这种状况让我特别烦躁，我也不想在这个班上待，我觉得想换一个环境。有时候也觉得班主任对我不太满意。

问：最后你觉得高考满意吗？

答：不太理想。

问：你本来是想上哪所学校的？

答：我想去中南林业科技大学，有点遗憾。但有的时候会安慰自己，因为我现在这个专业是和地理相关的，高中没有选文科就没学地理，我觉得特别遗憾，现在觉得算是弥补一点遗憾。

问：你现在的专业喜欢吗？难吗？

答：目前不是特别难，专业课觉得还好。但因为要学很多数学课程，我自己不是很擅长，也谈不上多喜欢。我当时填报志愿可能对海洋油气理解有点错误，当时以为海洋在前面，我觉得可能会学海洋生物之类的课程，结果并没有。现在为止学的全是油气方面的，还有流体力学之类的。不是很喜欢现在这个专业，但是也不讨厌。没想过转专业，但是我如果能考研成功的话，我还是想读其他专业，还是想换个专业。

问：你当时填志愿的时候，有哪些考虑因素吗？你是根据什么来选择的？

答：就兴趣爱好，不是自夸，我就感觉天生好像就会一样，我上高中虽然每次生物都能考第一，所以我很想去学生物学专业的，觉得没学到还是挺遗憾的。

问：没有考虑其他的因素吗？比如说，距离或者学费之类的？

答：理科专业学费差距不会特别大，都在四五千，所以没太考虑。距离的话我家人不太管我。

问：我觉得你好像对自己有很多的反思，你觉得你自己有没有一些很突出的特点，除了说生物有天赋，有没有跟你们班同学或者周围人不太一样的特点？

答：我做一件事情的时候，就会同时产生两种行为，两种思维，但是具体指导我去做事情的可能是其中一个。所以每次遇到事情的话，其实是我自己选择的，有时候我觉得自己需要调节一下。所以不管是怎么样我都会找到一个合理的理由，然后就接受了。其实也不一定，有可能只是在当时说服了自己，现在还没有完全平息，有时候想起来还是觉得不太舒服。

问：高中有没有想过你要成为一个什么样子的人？

答：想过很多，我其实挺想研究生物工程，尤其是想做研究，而不是早早参加工作，其实不是有很多那种病毒到现在还没有疫苗吗？其实蛮感兴趣的，我希望研究这种东西，或者就是古生物，这两种比较感兴趣。另外一种想法是，其实也没有想好具体是做什么工作，就希望能赚钱到一定年龄之后就不工作，然后自己到处去玩吧。

问：觉得你有很多目标，有可能对未来有一些设想，你觉得你跟这些设想和目标之间最大的阻碍因素是什么？

答：无法坚持。

问：除了个人原因之外有没有什么其他原因？

答：还是经济原因，如果家里原本不是这种状态的话，可能会离自己想得更近一点，但其实当然这个东西永远都没有办法去衡量。

问：你现在校园生活怎么样？

答：之前我对这个地方并不喜欢，但是有一天我去学车，科三考过回家那天，我在想就应该把那些不愉快的经历都当作自己的生活，这确实是很简单的道理，但是我不知道为什么到那时候才明白过得快乐与不快乐，都是人生，都要接受。我自己尝试着跟自己越来越好地相处，越来越和谐。会参加学校的一些社团，比如文学之类的，觉得自己很适合。

问：还有参与过其他的什么校园活动吗？

答：有时候去参加。之前我去参加了一个竞赛的初赛，结果进了决赛。上决赛之后，又说上台去答题，我也不想去，但最后还是去了。就是你以为不能接受，结果最后还是做了那件事情。我也特别喜欢诗词，差不多两三岁开始就很喜欢，（当时）我爷爷给我讲，他教我第一首诗就是"白日依山尽"，从那时候就一直很喜欢，一直到现在，但是到大学之后，反而不看了。

问：你现在有做一些什么兼职吗？

答：实习，有时候做个家教。我有出去玩的想法，计划去甘肃，我妈他们本来不同意，我就把我画的地图拿出来给他们看，我说你们看我地图都画好了，我妈说你地图都画好了应该想得挺清楚，那你去吧，穿厚一点。

问：你拿到资助，钱是你自己来支配，还是你爸妈？

答：我上高中的时候卡在我爸妈那儿。我上大学之后，第一个学年给的资助用于我的学费了，其实我家条件并不好，我也希望他们能少花点。好像（我）也没干什么比较"烧钱"的事情。

问：所以当时高中的钱是给爸爸妈妈，你需要的时候再问他们要？

答：对，我朋友特别不理解，为什么我爸妈不是每周或每个月固定给我打生活费，而是没有的时候又要。爸妈只是偶尔给我打个电话问我有钱吗，我就只说没了，他们说你没有就跟我们说，我说我不好意思。我不知道怎么开口，真的我不知道怎么开口要钱。

问：现在你觉得每个月够花吗？

答：钱够不够花我不知道，但是我要他们肯定会给我。这一年回去几天做了好多次检查，天天抽血，那个时候觉得自己真的很难受，就觉得自己为什么要承受这么多，没到做手术的程度，但就一直吃药，比较难受。初中时候做过手术，高中就没做过，我全身上下好多地方都不太好，腿也不太好，挺烦躁的，确实，如果我身体好了，我可能就会少很多烦恼，这个东西真的特别影响我心情。其实我跑步特别厉害，我短跑都挺厉害的，我一年就跑两次，春季和秋季体测，一年就跑两次，因为我跑步后遗症蛮严重的，就是腿和膝盖，都不太好，几天都恢复不过来，所以不敢怎么大动，不过我比较喜欢打羽毛球。

问：你是独生子女？

答：我还有一个弟弟，五年级。

问：你家里人平时会给你什么压力吗？

答：学习上的压力吗？我爸挺开明，他说，我的责任是把你们养大，至于之后你们过怎样的生活是你们自己的，我不会干预的。当时我觉得吧，他这么想我挺开心的。

问：当时你从 A 组转到 C 组？家里人给你压力了吗？会觉得你其实是损失了一些东西的吗？

答：不会，因为这个事情我本身是没有去争取的，没有的话就也无所谓。基本就是放任心态，如果你想这东西原本就是不属于你的，所以就不会有特别大的这种心理压力。

我成绩的话，其实我小的时候有一次我考得特别差，但是我没告诉他们。我爸把我打了一顿，他又会跟我说，我不是因为考得差，而是因为我把这件事情瞒着就不诚实了。他们可能对我的成绩要求不会特别高。

问：你现在有去做一些什么公益活动吗？

答：我觉得现在好多公益是口号喊得比较大，但实际根本也没做什么。我自己有的时候看到路边垃圾特别多，会动手捡一下。学校有时候有一些捐旧衣活动之类的，但我自己不是很喜欢，就大家一群人一起去，我觉得有时候有点假的，也许根本就不是真心，没有意义。如果有那种去福利院给孩子们当老师教他们做一些事情这种公益我想我会去。我希望自己是自发地参与一些活动去帮助别人，而不是为了某种目的。我觉得我自己三观是对的，我在自己意识的支配下，做了一些事情，我觉得是好事。

问：所以你觉得三一基金会的资助跟传统的奖学金和助学金有区别吗？

答：有，高中没有助学金，奖学金的话他是对那种成绩特别优异的，就是奖学金无所谓家庭情况的。所以像我这种成绩不是特别好、比较贫困的，我就会更容易获得帮助。

问：在大学里面有没有接触过类似于像圆梦助学项目这样关于扶贫的公益团体？

答：没有。

问：资助有没有帮助你的家庭解决过一些燃眉之急的事情？比如家人生病？

答：有的。爸爸妈妈身体不是特别好，但是也没什么大问题。我爷爷奶奶的身体不大好，老年人嘛。

问：你应该是一个很注重友情的人，你现在的朋友主要是哪些人？

答：同学、室友，其他的途径认识的朋友，大家都是吧，也不是关系特别好。

问：你觉得你跟圆梦助学项目的这些人你能做好朋友吗？如果给你机会你会想去认识他们吗？

答：不一定。我还是注重情感上的支撑。

问：你对圆梦项目有什么建议吗？

答：我觉得很好。本身就是成立基金会来帮助一些有困难的人，我觉得这个事情出发点是好的，我就很感谢有这么一个活动。

问：你知道在大学还会继续资助吗？

答：不知道，没认真看。

问：所以你当时是不知道高考进入不同的学校，三一基金会给的资助是不一样的？

答：我不知道。

实地访谈——圆梦 2015-3 B 组后转至 C 组

问：你是通过什么渠道知道这个项目的？

答：因为高中刚开始军训的时候，表现比较优异吧，老师比较认可，老师告诉我有这么一个项目，有两个名额。

问：所以是有两个人都参加了，是吗？

答：是的，但我不知道另一个是谁。

问：当时就因为你们军训表现比较好，然后老师就决定你们俩还是有筛选？

答：我只知道我自己的情况，就是说正好我表现比较好，家里也比较穷。

问：在参加之前你有了解过这个项目吗？

答：完全没有了解。

问：拿到这个名额的时候有去了解吗？现在还有什么印象？

答：就简单看了看，然后就给家里说了这个事情，自己还挺高兴的，后来学校让填材料，觉得还挺多的。

问：挺麻烦的？

答：倒也可以，因为一年做一次，我觉得还挺正常，要人家给你钱，你肯定要把所有的事情都做好。

问：你觉得他这种和传统的奖学金或者传统的助学金有什么区别？

答：我记得资助是分了不同的 A、B、C 组，有一种激励作用。

问：你觉得激励到你了吗？

答：是激励到我的。

问：你当时是在 B 组，对吧？后期是什么原因转到了 C 组？

答：后期应该是当时家里就靠我一个人，也就不收手机，然后晚上那时候没事干就看小说了，成绩下降。现在想想挺遗憾的，确实是自己的事情没做好。所以其实当时还是自制力不够高，不够克制造成的。

问：最后你觉得高考发挥得怎么样？

答：发挥得非常不好，因为我一直是数学很好，但高考时（数学）没有发挥好。

问：你在这个过程中跟志愿者的沟通顺畅吗？志愿者是你的学姐对吧？你之前认识她吗？

答：其实第一次来的时候我见过她，就认识了。还有一学期是过来送了两本书。

问：你们后来还有联系吗？

答：后来很少有联系。

问：现在还有联系吗？

答：说来惭愧，基本没有了。

问：你现在还拿基金会的资助吗？

答：这个学年就没有拿了。

问：你整个的申请的过程中除了资料填写烦琐外，还有其他的一些麻烦事或者困难的事吗？

答：前面不是有电子表格需要填吗，我家里没电脑，需要跑到网吧里面填。

问：有些信息你不确定的话，是问家里还是说当时只能大概填一下？

答：先自己填。

问：你爸妈知道这个基金是什么吗？你当时跟他们说了，他们支持吗？觉得可靠吗？

答：家里人毕竟也不懂，我也说说，但他们可能不是很懂，父亲只是说我拿到钱了还挺开心。

问：你觉得你在家里受谁影响最大？

答：家里面一直很复杂。其实我以前很孤僻，家里我爸总是喜欢管我，所以我回家一做不对，父亲就容易发火，导致我后来也不怎么说话。我姐就常常给我妈买点衣服，但我那时候不懂事，就很少去关心父母，现在年龄大了，能理解到我爸妈的辛苦。他们俩都是很好的人，我妈就是有活就干，随便找钟点工做，现在我回家能做的事情尽量自己去做。比如，这学期我还在学校里找了推广饮水机之类的活，挣了 2000 块钱。我从来没怎么好好给自己过一个生日，今年我就过了一个比较好的生日，我拿自己的钱请同学吃饭，花了七八百块钱，这毕竟也是我自己的工资，想做什么、怎么花也没有什么问题。

问：当时在高中拿了三一基金会资助的时候，是你自己管还是爸妈管？当时是主要用在哪些方面？

答：钱主要作为生活费。

问：你主要是把它用在学习上吗，在学校里够花吗？

答：够花，就是把它用在了生活补助上面。

问：你平时生活里面有什么爱好？

答：我不怎么爱打游戏，也不去打，一般也就是和朋友打打篮球。

问：有没有参加过一些社团？

答：去参加了一个中药类社团，我学的就是中药。

问：所以你当时选择专业的时候，单纯觉得它比较好，还是考虑到它比较好就业？

答：没有考虑那么多，只选择在西安上学。

问：为什么？你身边的所有同学都是选择在西安上学，很少出去外省吗？

答：家里担心去了外面，最后拿不了毕业证，还不如在这边，起码离家近点。

问：你觉得你自己有什么特长或者特点吗？

答：我做事情考虑得比较全面和长久，比如说我一周拿多少钱，我喜欢吃这个东西，虽然我特别喜欢吃，但是我不会买，因为我会考虑到以后能不能够花。和我的朋友不一样，他们就会说，我作为年轻一代要及时享受，喜欢吃什么就买，我说那不行，我肯定要考虑后续的生活。我的舍友都特别和善，没有奇奇怪怪的人，比如现在在我们宿舍 7 个人全部都不抽烟。

问：有没有想过毕业以后要达成什么短期目标，或者想坚持下来，长远目标是什么？

答：有一说一，要是考虑实际情况的话，毕业之后，短期目标，希望能在这边工作，还想创业，但是现在的问题是没有资金。

问：创业是一个很大的目标，你认为实现这种比较长期和宏大的目标，可能会阻碍你的因素有哪些？

答：我认为我当今最缺乏的是人脉资源。

问：你个人觉得你自己的优点是什么？

答：我认为的是坚持，就是可以一直做一件事情直到成功。

问：你在学校里面有参加公益类的组织吗？

答：暂时还没有。

问：你还记得当时和你联系的志愿者吗？

答：对他的印象不深了，有些模糊，只记得挺和蔼的，20 岁左右。

问：你现在在学校里面朋友主要都是舍友吗，还有通过什么方式认识朋友吗？

答：除了舍友之外，我通过打篮球也会认识一些朋友。我们会一起聊聊生活，我认为对人脉的帮助很少。

问：你觉得人脉对你来说有什么作用？

答：现在走到哪里，不论处理的是什么事情，如果你认识人，或者说你想办某一件事情，正好那个认识的人是管这个的，那么可能沟通或者交流就会特别顺畅。

问：想再问一下你现在生活状况，每个月钱够花吗？

答：我现在交了一个女朋友，花钱会比自己一个人的时候多一些，但我自己会赚一点钱，不过也差不多，就刚刚够用。有次花钱花超了，把自己要吃饭的钱弄没了，我女朋友还是很善解人意的，她还请了我那顿饭。

问：你觉得圆梦助学项目对你有什么影响？

答：当初这个项目是激励我的，确实给了我很大的动力。后来因为自己的不努力被调到C组，直到现在过去这么久了，还是觉得对自己挺失望的，没有把握住这么好的一次机会。

问：被调剂到C组之后，自己的心态有变化吗？

答：我就告诉自己，你也没办法回到过去变成不在C组，不如好好把握下次机会，自己一定抓住再努力。

问：你在高中的时候跟班主任的关系怎么样？

答：我的高中班主任是位女老师，我挺不喜欢她。我认为老师性格比较柔和，管不住人，比较喜欢叫家长，动不动就叫，我们班好几个学生都被她叫家长了，结果人家直接转班了。班主任挺认真负责的，什么事也都会为我们着想，但是班里好多同学平常学习都挺好，结果高考好多人却没考好。

问：所以，在你的描述下，她反而起了一些负面的作用吗？

答：这个事情不好描述，我不知道到底是学生的问题，还是老师的问题。她就是那种平常真的挺好，挺关心你的，只要你认真学习，她不会放弃你的。但就是可能没有威慑力，管不住人。但我们初中的班主任，一位男老师，一直挺严厉。我从初中能考到高中，我觉得得益于初中班主任，可能我自己是被动驱动型人格。

问：这对你的成绩有很大的影响吗？

答：我觉得对我的学习生活上会造成一些压力，比如说叫家长这种行为，真正需要改变的还是学生的状态，毕竟老师把所有能发挥的作用都发挥了，她关心我们，询问我们的生活状况，也可以找她聊天，偶尔也会和同学们搞一些庆祝什么的，从自己家里面带饺子拿给我们吃。

问：聊聊你高中时候的家庭状况，平时和家里的关系怎么样？你有一个姐姐，对吗？

答：小的时候家里人一直认为姐姐比我好。平常她对我妈挺好的，对我爸也挺关心的，但我做不出来也说不出来，这些比较外放的情绪作为男生还是挺难表达的。今年前半年跟我爸才比较认真地谈了一下关于家庭和我的关系，在以前没有认真谈过，也不想说，可能也是羞于表达。

问：你知道基金会在大学阶段的资助政策吗？考入不同的大学会有不同程度的资助。

答：对。

问：你在学校里面有没有担任干部之类的角色？

答：刚开始进去竞选班长，结果因为差了几票没有选到。后来分析自己失利的原因可能是没去做一些学生工作。

问：在大学里你每天主要在做什么事情？

答：上课。

问：课业重吗？

答：还行。

问：你有继续深造的想法吗？

答：我不打算继续深造，因为我对这个专业没有期待。我认为让我背那些药材，还是偏文科，我本人不是很感兴趣。

问：所以当下有其他明确的方向吗？

答：我想做人力资源管理，当 HR。

实地访谈——圆梦 2015-6 C 组（访谈者为项目参与者）

问：你是通过一个什么样的途径了解这个项目呢？

答：通过一个学长，他是我们家乡那边的，是这个项目的志愿者。我初三毕业的时候他到了我们学校，去了解哪一些学生比较需要帮助，然后再挨家挨户地找。

问：你是在初三毕业那段时期就已经完成了一些必要材料的提

交和申报吗?

答:不是,是在高一的时候,就是高一刚开始的时候,把这些材料全部提交的。但是初三假期的时候我就开始准备了。

问:你当时知道你周围还有参加这个项目的同学吗?

答:有的。

问:怎么知道的?

答:通过志愿者。

问:你在准备材料、填报的过程中是你自己一个人去做,还是志愿者会提供一些帮助?

答:当时学校有一个通知是自己去了解的,但准备和填报算是我和志愿者一起完成的,因为有一些项目不太清楚的都会问他,他会告诉我们该怎么去弄。

问:那他工作量还是挺大的,要帮助很多人。他会不会把你们都召集起来,然后统一宣传和管理?

答:召集过,在假期的时候把我们召集在一起,说过一些注意事项。然后在填报的过程中,可能有些还不懂的,也会问他。

问:家里对这个项目是怎么看的?爸妈会不会在你填报材料的时候,指导一下这个地方应该怎么填?

答:其实父母的话,帮助还是比较少的。学长来我们家了解情况的时候,父母都是挺感激的,感激那个同学能够找到我们家让我参加这个项目。

问:在具体操作,比如说填报材料的时候,父母就没有太多地管这件事情?

答：对。

问：你是被分到 C 组，是吧？

答：这就不太清楚了。

问：你在填报资料的时候，对于这个项目资助的情况了解多少？项目具体是怎么实施的，你了解的多吗？

答：了解的不太多。

问：就只知道它是一个资助类的项目，通过的话会给你一些资助，对吧？

答：是的。

问：对一些实施的细则没有过多的了解吗？

答：没有，当初学长介绍肯定是介绍过的，我现在已经忘得差不多了。

问：你通过初审之后，会给你寄一份材料吧？

答：对。

问：你知道和你一起申请的其他同学的信息吗？

答：不太知道。

问：你们每年填报的时候会互相商量说要怎么填吗？

答：填报的时候有一些地方还是会互相问一下的。

问：你当时每年也没有被资助太多的钱，你心里会不会觉得这个项目好像也没啥作用？

答：生活就是这样一步步过来的，他们资助了很多人，我没分到也没什么。没了生活也要继续过。

问：你知道如果你按照要求的流程执行，每年提交填报资料的话，到了大学的时候，也会受到资助吗？

答：这个是知道的。

问：你是从哪个途径知道这个信息的，还是志愿者吗？

答：是的，他告诉我们的，说虽然现在高中资助比较少，但如果考上好大学会多一点。

问：这个会不会成为你继续去提交资料的一个激励呢？如果没这个东西，你可能就不会去填报了？

答：我觉得无论有没有这个激励，去填报总是好的。

问：你是怎么支配大学第一年得到的资助的？是交了学费吗？

答：是的，但其实学费的话，也可以申请贷款，助学贷款那种。

问：我还注意到你高中期间每年的成绩都在进步，到后面都是第一名了。

答：是的，但高考的时候没考好。

问：你高考没考好之后，有没有考虑去复读？

答：想过复读，但最后还是选择了不复读，我在那边（家乡）复读，和在这边（大学）一年的花销之类的，其实是差不多的。而且如果我选会计专业，即使再复读一年，也不知道到时候的情况会不会比现在的这种情况更好。我们班主任和我说的也是能上就上。

问：你当时专业是怎么选的？是你自己选的吗？

答：是的。

问：你觉得这个专业挺好，你也挺喜欢的？

邵：其实我当时选的时候也是主要看就业。

问：在这个过程中有没有其他人给你一些建议或者说一些信息？

答：肯定是很有的，周围的人也会说哪个专业比较好，或者是到我这个分数线可以报哪个大学？像家人其实都喜欢说当老师之类的，我对老师实在不感兴趣。

问：那你还挺有想法的。在你高一到高三这个过程中，与志愿者一直在进行信息对接吗？

答：是的，我们填表之类都是找他，包括我们毕业之后，大学第一年学费的对接也是找他。

问：你们进入大学之后，三一基金会有没有建立一个组织，就是把所有受资助的同学联系在一起，比如说建一个群之类的。

答：应该是没有。

问：你了解三一基金会在研究生阶段的资助信息吗？

答：不知道。

问：三一基金会也会对研究生进行一个资助。你当时是还有其他的资助吗？

答：高中的时候有一个浙江兴华爱心教育基金会的。

问：你觉得兴华的资助和三一基金会的资助有没有不同的地方？

答：我觉得兴华那边的话，和受资助同学之间联系会比较多。兴华那边是把所有受资助的学生单独建一个班，我们叫作珍珠生，但是由于学校一些条件的限制，虽然说我们散落在各个班级，但我们每周都会进行一个小型的交流会。

问：志愿者他主要还是做一些指导填报资料的工作是吧？

答：对。他平时也不会太多地找我们了。

问：你高三的时候累吗？学习压力大吗？

答：我们其实也说不上是学习压力大，压力都是自己给自己的。有的时候也会晚上十一二点才睡觉。其实现在想想那一年真的挺难得的，现在都找不回那种感觉了。

问：三一基金会高中时期对你的一些资助，会不会对你学习方面有一些影响，比如说，因为他大学阶段有资助，考不同的大学，资助的力度不一样，会不会激励你要考一个好一点的大学？

答：会有的。

问：那就是说基金会的资助不是起主导作用。主要还是你个人的发展。

答：其实怎么说，基金会的资助给我最大的帮助是让我可以少一些后顾之忧，不用说太担心生活费这方面。我不想因为学习给家里太多压力，这方面就能够让我少跟家里要一点钱，父母压力也小一些，自己就能够少操心一些家里，多一些时间用在学习上。

问：你上了大学还适应吗？就是刚上大学那会儿，现在肯定适应了。

答：还好吧，我是一个适应力比较强的人。

问：你上了大学之后，有什么感觉特别困难的地方吗？

答：还好吧。

问：学习、生活各方面？

答：从大一一直到现在，我在平时就去兼职，生活费也可以自己解决。

问：那你挺厉害。学习方面呢？

答：学习方面，可能有一些科目还是比较困难，基本上都是得靠自己看一些网课自学，很多时候都是这样。

问：这可能是大学学习的一个特点吧，主要还是要自己去主动学习。你是什么时候就想好毕业之后就直接去工作这个事情？

答：其实上大学之前，在我选专业的时候，就是冲着就业选的。至于考研，我想用考研的时间准备考证，对我来说，当别人考上研的时候，我把证书拿到，其实也是一样的。

问：就是说考研的收益并不是特别大。

答：考研这东西，以后出来找工作肯定很好找，但是如果说我把证书拿到的话，其实也可以了。

问：那你这个专业是第一志愿就直接进了吗？

答：嗯。

问：那你这志愿报的还是相当不错的。

答：但这个专业其实只是这个大学的第一志愿。

问：那就是说这个学校其实并不你最心仪的大学？高考和报志愿这些都会出现一些很难预料的事情，你自己很难去控制。不过都没关系，结果最后都还是可以接受的。

答：既来之则安之。

问：你现在这个学校是你当时报志愿时候的第几志愿？

答：第三。

问：那你现在对你的工作，比如说具体在哪儿工作这些想过吗？

答：还没想过。

问：这个好像现在也太早了是吧？你才大二，现在想可能也没啥用。

答：反正要有一份稳定的工作，然后要有收入。

问：小时候家里条件不好，是懂这些事情，会想着以后首先要把自己生活这方面搞定，再去想其他的。从小过得很富足的，他们可能就更多地偏向于自己喜欢什么就去做什么。

答：对。

问：因为他们也不需要去考虑那些事情。确实还是很能看出来差异的。

问：你有没有加社团、学生组织、学生会之类的？

答：大二的话我留部了，大一是小干事，大二的话就可以留任部长。

问：你是独生子女吗？

答：我有一个哥哥，他初中毕业后读了一个职校，现在在打工。

问：你是今年暑假没回家，是吧？在做什么？兼职吗？

答：最初的时候去怀化支教了，然后回来就在这边兼职。

问：你们学校对学生外出社会实践的这些事情有什么要求吗？就说一定要参与社会实践？

答：没有说一定要参与，就自愿去。

问：你去支教是有什么样的考虑？觉得就是出去做事情，还是说就挺喜欢支教这种形式？

答：就是感觉去帮助别人，尽自己的一份力。

问：我觉得你很乐意去帮助别人的，因为自己也受到别人帮助了。有时候可能不会很明显地说出来，但是心里都是会有这种想法。如果有这样的机会，做一做公益，或者说帮助一些人，都是很愿意去做的。

答：对。

电话访谈——圆梦 2016-7 B 组

问：你是怎么了解到并申请这个项目的呢？

答：当时是班上的老师提到这个项目的，说是大家都可以自主报名。后来我们班一个同学问我要不要申请，我其实对情况并不是很了解，想着就试一下吧。结果最终选到我了。

问：之后有继续了解这个项目吗？

答：有，发现这个项目还是非常好的，但周围并没有很多人知道。

问：当时你们班还有另外一个同学也申请了，是吗？

答：对，我们两个都申请成功了。

问：你知道你当时是在哪个组吗？

答：记得好像第二个组（比较迟疑）。

问：你知道另外一个同学的分组情况吗？你们有没有交流过彼此资助的情况？

答：因为这中间也涉及填一些材料，我俩会互相问一问，除了资助额度外，其他的都不太了解。

问：除了志愿者之外，你还跟这个项目的其他人有过联系吗？

答：有一个人来我们家做过调查，除了这个别的我也不太了解。

问：去你家做访谈，是吧？

答：是的，来我们家几次，他一般是和我妈妈联系，具体我也不太清楚。申请的材料几乎都是我妈妈帮我写的，我只提供了一个成绩，其他的都是志愿者在负责，因为我几乎没有时间填资料，我们一周就放两个小时的假，在学校没办法填。我妈跟志愿者联系应该比较频繁，她当时也经常跟我讲志愿者是什么情况。

问：你妈妈在填写的过程中有没有跟你说过什么吗？

答：她说填的过程特别麻烦，具体我也不太清楚，可能是因为问题比较多。

问：你知道志愿者的一些情况吗？

答：我就知道他是一个大学生，好像专门负责我们县（里的志愿工作），别的也不太了解。

问：当时你家里人知道你加入这个项目是什么感受？

答：他们确实也有些高兴。

问：你有没有觉得还挺开心的？

答：嗯嗯，就觉得可以拿到一笔资助了。

问：当时拿到资助的时候，你是怎么使用这个钱的？是你自己管着还是给了爸爸妈妈？

答：我给了我妈妈，她说给我存着上大学，可以交学费、买电脑等。平时的话就是有几次竞赛，学校选了十几个同学外出培训，每次出去就是三四天，费用比较贵，犹豫要不要去，但因为三一基金会的资助比较及时，就去了几次。

问：所以这笔钱是有明确用途的？

答：对，用这笔钱专门去培训，还挺有那种专项资金的感觉。

问：去了几次大概？

答：去了两次，一次去济南花 4000 多元，一次是去天津比赛，是决赛，所以当时这个钱还挺能派上用途的。

问：你拿到资助的时候有压力吗？比如说你觉得你一定要考得好才能继续拿到资助？或者说身边的同学会不会给你一些压力，因为你拿到了但他们都没有？

答：没有吧，因为我本身条件就比他们差，所以我拿了之后就也没有多大压力。我平时学习成绩都是差不多那样，拿到之后其实心里还是挺舒服的，因为平时感觉就和同学们还是有点差距的。

问：你是独生子女吗？还是有兄弟姐妹？

答：独生子女。

问：你觉得圆梦助学项目有什么特别的地方吗？

答：我觉得它比我们那些县里的资助或者是学校的资助要到位，能真正起到作用。

问：这笔资助还在其他的地方对你有帮助吗？

答：我准备上大学的时候用这笔钱买了很多书，还有手机和电脑，但是金额比较大，还是借了点。

问：高中的时候你知道大学还会有持续的资助吗？

答：我当时并没有仔细去读合同，记得说还有资助，但是我没关心是多少。

问：你当时签协议的时候没有看一下吗？

答：我是看了一下，记得是分大学等级进行资助的，有好几个档，但现在记不清了。

问：为什么会选择现在的学校？

答：首先是因为我对这所学校了解比较多，我也很喜欢它。其次是因为我当时的高考成绩比较尴尬，去顶尖大学还差一些。主要还是因为自己喜欢。

问：你的成绩在高中一直都很优秀并且是处于比较稳定的状态。你学习上面应该没啥压力吧？

答：高中最后的阶段感觉有点压力大，高考进考场就头有点懵，发挥得不如平时，但进了大学之后感觉还行。

问：你对圆梦助学项目本身有什么意见吗？

答：我觉得各方面做得挺好的，内容也很到位，但感觉可以再多宣传一下。当时班主任给我们介绍这个项目的时候就随便说了一下，我们之前根本就不了解，就高中听她提过一次。我申请之后，除了我妈妈还有我的同学，其他的人好像都不知道这个项目。我觉得可以多宣传一下，让更多人知道。此外，我感觉也可以给我们这些被资助人建一个群，平时多交流，感觉我们还挺独立的，希望还是有一些这种相互联系的机会。别的应该没什么大问题，就感觉都挺好。

电话访谈——圆梦 2016-8 C组

问：你是怎么知道我们这个项目的呢？

答：我是初中毕业的时候听同学说的。

问：没有老师或者其他人去联系你吗？

答：没有，只是在学校里听说的。

问：所以你是自己主动去联系的，你怎么联系的呢？

答：是我同学申请了，然后他跟我说有这个项目，我就找到了当时的志愿者姐姐。

问：你怎么找到她的呢？又是怎么和她说的？

答：因为她就是我们附近的一个姐姐。

问：那她有没有跟你说这个项目具体的情况或者背景，或者你是不是符合要求？

答：当时她好像说了申请表和申请理由，就是大概材料里的一些内容。

问：所以你是完全没有通过学校是吗？

答：好像没有通过学校。

问：你那个同学也是这样吗？

答：我那同学就不知道了，当时他就说有这个项目，说我可以去申请一下，挺不错的。

问：那你自己去申请完了以后，有在网上搜寻过这个项目的一些信息吗？

答：没有。

问：所以你刚开始对于三一基金会的了解，完全是来源于同学的描述，是吗？

答：对，当时只是仔细看了协议书。

问：你从协议书里面知道一些什么内容呢？

答：我记得的是，如果我接受资助要满足哪些要求，分了好几个组，每个组的要求不一样，如果高中结束考上大学，还会有一些资助之类的。

问：所以其实你是仔细地看过这本书这份协议的，是吧？你知道你当时分在什么组吗？

答：对，在 C 组。

问：你身边跟你一起联系的同学，他是在什么组？

答：我那个同学好像是 A 组还是 B 组，我不太记得了。

问：其实如果你在 C 组的话，你每学期只能拿到 50 元，对吧？你会觉得有什么落差吗？

答：首先自己分到这个组之后，我就有想过为什么这样分组，后来说是随机分组，我就没有过问了。

问：是因为毕竟 C 组每个学期只有 50 元补助，然后你觉得它有对你的学习产生激励吗？

答：激励还是有的，因为不是说高中毕业之后会有新的资助嘛。

问：你现在有拿到资助吗？

答：现在有，最近有了 5000 元，然后我问过周边的同学，他们也说有收到，应该就是这个项目的。

问：所以你是一个很有这种长远规划的人，当时你觉得如果一直不放弃的话，到了大学的时候是会有的，所以即使 50 元你也坚持下来了，是吗？

答：对，其实填材料还蛮麻烦的。

问：你身边有多少同学大概也参加了这个项目？

答：十来个。

问：你对志愿者了解吗？

答：我只知道她是××大学的，是我们一个高中的，所以她之前应该也是受过资助。

问：你们没有更多的联系吗？沟通顺畅吗？

答：大概也没有什么，所以其实还是挺顺畅的，其实只有填材料的时候才会跟她联系一下。

问：你会因为资助的原因，努力地去考一个更好的大学吗？

答：其实也不能完全这么讲，我觉得物质方面能多帮助一点就是帮家里减轻一点负担，这是最好的，但是也不是说没有了它我就会怎么样吧。

问：明白。你觉得加入这个项目以后，对于社会公益或者诸如此类的项目有没有想法上的一些转变或者认识？

答：我觉得参加这些公益活动并不是说在物质上能够产生多大的作用，怎么说呢，对我来说一直发挥的是挺正面的作用，我现在觉得这种公益还是有必要的，它确实会对一些真正有需要的人提供帮助，产生一种积极的作用。

问：你大学做过公益吗？

答：大学有做过，我参加了学校教育公益组织的一个社团，我自己本身对教育这一块就很感兴趣，志愿者活动什么的也都很感兴趣。

问：你学的专业你觉得怎么样？难不难？

答：我觉得对于零起点的我来说还是会有一点压力。

问：为什么会选择这个专业？

答：我是先选择的学校。

问：你为什么会选择这所学校？

答：之前我一直想读师大，因为我比较喜欢教育，可是高考的时候比平时高了很多分，就报了现在的学校。其实当时也一直在犹豫，周围的人就会跟我说，再让你高考一次，就不一定会考得这么好了，然后我就报了。

问：你为什么会对教育这么感兴趣？

答：之前一直想要当老师，后来我就觉得在学校里面能教小学生的话，小朋友们很天真，会给我一种很好的感觉。而且当老师的话，我觉得真的可以对一个人对一个学生产生很大的影响，这种感觉会让我心里很美好。

问：你现在想法有转变吗？

答：我现在因为自己的专业，觉得发展方向不太一样了。

问：你了解三一基金会分组的情况吗？

答：我知道 A 组、B 组是会对成绩有要求的，你的成绩总要比上一次考试成绩有一点进步，我觉得这点很好。

问：你觉得这会有所激励吗？

答：我觉得会，因为我身边就有这样的同学。他觉得这个东西可以给他激励，他自己确实很需要这笔钱，所以他就会说"我这个月考试一定要比上次成绩进步一点，我才能得到（资助），我觉得这一点还是有激励作用的"。

问：你觉得这个钱帮你的同学解决了很多问题吗？

答：我觉得至少在经济方面能帮他们家里解决比较大的困难，

覆盖他的学费应该没有问题，但是我还是不知道他们具体有多少钱。

问：除了刚刚我们谈的之外，还有没有其他想要告诉我们的？

答：那就说一说，要求每学期填写的反馈表，我觉得有点太细了。

问：你觉得哪些是没有必要的？

答：我觉得对于一些像我们一样的同学，家里应该都是比较困难、真正有需要才会去申请，家庭情况那里我觉得就没有必要再填了。

电话访谈——圆梦 2016-9 D 组

问：你是在什么情况下知道这个项目的？

答：我初中刚刚毕业的时候，我的班主任跟我说过几天可能会有人来我家采访，从那时候我就开始知道圆梦助学项目的事了。

问：班主任主动找到你的？

答：应该是三一基金会这边的人已经联系了，班主任只是负责通知我，让我回家做好准备，可能会有人来，来了解一下我和我家里的情况。

问：你当时那些材料什么的，是基金会到过你家之后你再填写的，是吗？

答：对。

问：你在此之前或者之后了解过三一基金会的项目吗？

答：在那之前我是不知道的，资助的时候我们双方都签了合同，那时候上面都有对基金会的介绍，我也认真去看了一下。

问：那你对基金会的了解是什么？

答：首先我是很感谢的，因为那时候我家庭条件不是特别好，我家里又有两个人在读书，需要一大笔的费用，所以对于三一基金会的资助是我非常感谢他们的。

问：你是有兄弟姐妹，是吧？

答：我有个弟弟，那时候我准备去读高中，他在读初中。

问：你们也都上大学了吗？还是现在他还在高中？

答：他没有考到高中，他去读了技校，相当于一个专科。他说先读完三年，如果这三年读得好的话，就可以出去外面实习找工作，而且还想要往更深的方向发展的话，学校也会给他这个机会。

问：你当时身边有没有其他人也申请了这个项目，还是只有你？

答：也有，但是是在申请之后我们才认识的。

问：申请之后怎么认识的？是谁帮助你们联系起来的呢？

答：那时候是对我们做工作的那位姐姐，她建了一个群，把我们都拉进去了，就和我们说了以后有什么事的话就在那群里面发通知，叫我们在群里互相认识，可以交流。

问：你们彼此认识吗？群里的那些人除了这种线上的联系，有线下联系过吗？

答：有过，因为我们那时候有几个人是在同一个城市读书，虽然没有见过面，但是我们会偶尔联系。

问：你们是一个学校的吗？

答：那时候他们和我不在一个学校。

问：不在一个学校，你们怎么联系？

答：那个时候可以用手机，周末或者是暑假寒假时联系。

问：你们是会组织一些什么团体活动吗？

答：我们只是在互相聊天，聊一下学习上有什么困难，或者在学校里是不是适应，高中的生活之类的。

问：你觉得有什么帮助吗？

答：有时候高中很苦很累，但是很难找到一个人说说心里话，和他们说出来之后心情会好很多。

问：你们大学还有联系吗？

答：现在偶尔会联系一下，但是没有之前那么频繁了，大家都各走各的路。

问：他们都去干吗了？

答：有的我知道是也还在读书，但是他们都走得比较远。

问：为什么会选择现在的专业？

答：因为我们学校只有两个一本专业，另外一个是少数民族语言，我觉得太难了，所以就选了这个专业。

问：你当时知道资助的对象是有分组的吗？

答：有的，还分着 A、B、C、D 四个组。

问：对，你知道你是哪个组吗？

答：我是在 D 组。

问：你知道你的同学都是在哪个组吗？

答：刚开始的时候我看到过，但是现在想不起来了。

问：你知道分组的依据是什么吗？

答：应该是根据我们家庭的情况，还有个人的学习情况、个人的环境等吧。

问：你觉得被分在 D 组对你有影响吗？

答：没有影响，我真的很感谢能够有你们的资助，我之前都没有想到会有人资助我。我当时也没有多想，只想着能够有人来帮助自己就已经很幸运了，没想过能拿多少钱。

问：你当时有读过那份合同，对吧？

答：对。

问：你对那份合同还有什么印象吗？

答：除了高中资助外，到大学的话，如果你考上北上广地区的大学，每年还有 8000 元的资助，如果是在普通城市，并且是一本的话，每年有 5000 元的资助，我对这个数字还是能够记得一点，但是后面那些我就不太记得了。

问：你当时听说会有资助的时候，有没有觉得对学习可以产生一点正向的影响？你会为了考更好的大学，或者获得这笔资助而努力考更好的大学吗？还是你觉得这个原因占比其实很小？

答：（有资助）这个（原因）占比比较大，因为毕竟有资助我可以放下很多的包袱，可以有更大的动力去学习。

问：所以你觉得是有用的，是吗？

答：对，我觉得还是有用的。

问：你收到资助金以后，这笔钱的主要用途是什么？你是交给爸爸妈妈了，还是自己管着？

答：那时候他们不管这笔钱，让我自己拿去学校，是买学习用品还是交学费都让我自己决定。

问：那你当时主要拿它来做什么？

答：主要就是交学费，如果这学期的学费提前交了的话，会留着到下一学期交学费。如果自己生活上有需要的话，会拿出来一些用到生活上。

问：所以这笔钱主要还是用于你自己的学习和生活。你觉得当时这笔钱能够缓解家里的一部分压力吗？

答：我觉得当时我爸妈就可以少给我一些生活费，多给一点给我弟弟，让我弟弟更努力学习。

问：当时的志愿者姐姐你认识吗？

答：是我认识的，她也是我们这边的。当时她过来给我们介绍项目的情况，每家都走访了。

问：志愿者姐姐是你们学校的吗？是大学生吗？

答：我看她好像是在北京的一所"985"大学上学，但她今年应该已经毕业了。

问：你们中间有联系吗？

答：有过。有时候会讨论一下，在学校有问题会讨论一下，谈谈自己对大学生活的看法。

问：其实小群组关系还是挺密切的？

答：对，对于其他问题，毕竟她比我们大，她在一些方面也可能比我们更了解，我们都可以问问她。

问：她跟你们联系得比较多，还是你们会主动去问她一些问题？

答：我们比较主动，因为她大学生活很忙，她来的时候，我记得她是要上大二了，她一般都只会说有事联系我们或者让我们交一下材料之类的，一般都是我们主动联系她。

问：所以她其实还是给了你一些指导，那她有没有在大学选择的时候给你一些指导或其他什么建议？

答：在我选择大学的时候，她建议我要选在大城市。

问：现在觉得学校怎么样？

答：其他大学我没有去感受过，我觉得我的大学不太是我理想中的大学。不知道你们大学打游戏的人多不多，我以前是不打游戏的，现在跟着周围的人在打游戏，我感觉好像大学都颓废了。

问：你是觉得周围的人都打游戏，所以你也打吗？

答：对，受他们影响太大了，自从舍友把我教会了之后，感觉自己不和舍友打游戏，也没有话题，但是一打就感觉影响了自己（的学习），所以有时候就处于一种很矛盾的状态。

问：我觉得打游戏这个事也不能说得太绝对，可能在哪个大学里都会有这种学生。但是你要做好自己学业和娱乐时间的平衡，不能沉迷，你一定要找到自己的目标，时间才会被利用起来，这是我自己的一点点经验。其实可以看出来你也在反思，是一个很求上进的人，知道自己需要在哪些方面调整就比较好。

答：对，现在一个学期要结束了，我尽量克制自己，好好复习，然后给自己过一个好年。

问：方便问一下，你现在一个月大概支出多少吗？

答：现在的话，如果我不买衣服、裤子、鞋子之类，只在学校里消费的话，估计 600~1200 元。

问：你中间有去做一些兼职吗？

答：我之前想过，但是因为我们专业作业特别多，又加上我还承担了很多学生会的工作，忙不开就没有去。

问：你当时在学校里成绩稳定吗？考这个学校符合你的期待吗？

答：我之前的成绩也不是太好，高考我觉得还是正常发挥吧。

问：你在大学里面有没有参加过什么公益活动、志愿者活动之类的？

答：志愿者活动我倒没有参加过，但是做服务的活动去过一次。

问：在整个项目过程中有没有遇到一些什么困难？

答：因为我家是农村的，没有电脑，每学期网上填报信息一般都是回学校找班主任，用班主任的电脑，在截止日期前就有些手忙脚乱。

问：项目组也有在改进那个表格。

答：对，那个表格一直在变。我们后来应该是可以通过手机来填，我高三的时候就可以用手机填了，就没有再去找班主任了。

问：你有没有什么对项目的建议或者想法之类的，或者你有什么想了解的？

答：我大学之后，表还是要每年交一次吗？

问：是的。

实地访谈——圆梦 2016-4 A组

问：请问你为什么会接受资助？

答：刚上高中就刚好有这个机会，而且家里经济条件也不是很好，我爸爸一个人在外面，有这个机会可以申请，我就提交了材料，我姨妈跟志愿者的妈妈认识，就知道了这个事情。

问：和志愿者后期有联系吗？

答：要填表的时候相互发信息交流过，其他的就没有（联系）了。主要是我不知道他的联系方式，我们县里有一个群，志愿者发东西都是在群里发的。

问：你跟志愿者的联系是什么样的？他会指导你填表吗？

答：不懂的就问他一下，因为填表的内容都还是自己的情况，就有一个志愿者编号和他有关。

问：清楚自己被资助的金额吗？

答：不太清楚是多少，卡在爸爸那里，每个学期都会发钱吧。

问：那爸爸是怎么使用这笔钱的？

答：钱都是他们在管，我不太清楚，我要缺钱就找他们了。

问：你有没有想过假如有一个学期你没有认真学习，没有达到基金会规定的成绩要求会失去资助？

答：我会大概算一下排名，不太担心。

问：你爸妈会给你讲这些吗？比如说以此为激励让你好好学习？

答：不会，但我自己还是会好好学习，因为毕竟还是可以拿到一笔钱。

问：那假如说没有这笔钱，你觉得会怎么样吗？

答：还是会继续读书，但这笔钱也是给我一个帮助，减轻一下我爸爸的负担，起码能交我一个学期的学费。

问：你们学费有多少？

答：我们高中学费好像是 2700 元，是一个学期，其实不太够，只能是抵一部分学费这个样子。

问：那在其他方面，比如心态上有什么变化吗？

答：心态上的话也还好，我觉得这笔钱还是会激励我。

问：你有了解过三一基金会吗？

答：了解的比较少。

问：假如你被分到了 B 组，也就是要求你成绩稳步提高，你觉得它会对你像现在这样有这么大的一个帮助吗？

答：我觉得都是一样的，虽然基金会给我钱帮助，但是学习不是靠这些，就算没有，我还是要努力学习，我觉得无论在哪个组都是一样的。

问：你觉得组别对你来说影响不大，那你在 C 组也不会放弃吗？

答：我也不知道，但学习还是要学习的。

问：分科之后你的成绩还是挺好的？

答：对，分科之后我觉得自己也轻松了一点，因为我学的是文科，理科是真的心有余而力不足。

问：你是否觉得这笔钱应该由爸爸掌管？

答：他也不是说完全掌管，因为当时我没有自己的卡，只能用爸爸的。

问：你当时高中一个月生活费大概是多少？

答：我不是固定的，是我需要钱的话就问爸爸要，爸爸就会给我五六百元。

问：你爸爸妈妈有没有在学习上对你有一些主动的投资？比如主动给你买一些辅导书？

答：没有，因为我爸爸妈妈没有接受过高等教育，我爸爸也只读初中，妈妈是小学。只是说我自己要买他们就给我钱买了。除了一些必须要用的，我自己有时候也会找一些课外题目去做。

问：你觉得买课外资料额外支出对你来说是负担吗？还是说即使没有这些钱，你该买还是会去买？

答：会买，做了也是对学习有帮助。

问：你高中对这个项目的感受是什么？

答：高中阶段觉得他可以帮到我，其他的也没有什么。还有每个学期要填表是真的很麻烦，里面要填的东西很多，而且每一次都是一样的。我知道其实想收集信息，这是一个必要的过程，但是我觉得我的志愿者没有帮助我太多，他应该指导我一下怎么去填。

问：你还有没有印象当时你每个月的花费是多少？都花在什么上面了？

答：不太有印象了，但我不太限制自己的花费，该花的钱都会花，学习啊还有其他。

问：你觉得基金会给的这笔资助在你的家庭收入里占的比重大吗？

答：不大，是一小部分。

问：所以其实就算有了这笔资助也不会特别的去改变你的行为，是吗？

答：对。

问：表要求填写家庭收入的，对不对？你当时有问过爸爸妈妈吗？

答：基本上就是爸爸打工的收入。家里他一个人在外面，要养4个人。其实还是很辛苦的。所以我就觉得我现在学费真的太高了，我不敢找我爸要钱。

问：你现在还有打工之类的吗？

答：没有，我有想过找兼职，但是大一真的课太多了，一个星期就周三下午有时间，其他时间都在上课。

问：会在学校里去做勤工俭学吗？

答：听说过但没有。

问：你现在一个月生活费大概有多少？

答：我爸爸开学的时候会给我一笔钱，我周围的同学，还有我的高中同学都是 1000 多元一个月的样子。我是第一个月多一点，如果到后面不买衣服一个月也就 1000 元的样子。

问：你知道这个项目考上了好的大学，每年还会给 1 万元的资助吗？

答：我只知道如果考上了二本以上的学校，是会继续支持，但是具体的情况没太了解。我高考没考好，我觉得我可能是高一基础没打好，因为那个时候刚进去，也没有怎么对学习上心过，就考试的时候努力，平常上课的时候就没有怎么认真过。到了高二、高三才自己一点点再补，但觉得有点跟不上了。

问：你觉得当时高中你读书的动力在哪里？

答：高中就是想要考一个好一点的大学。

问：工作呢？

答：没有想过，因为高中下一个目标是要考大学了，没有想过别的。现在也会想早点工作，帮家里减轻负担，但是我想着我现在出去我能干什么，感觉自己现在什么都做不了。

问：你爸爸妈妈对你是打工还是念书是什么态度？

答：爸爸妈妈非常支持我读书，也没有苛责在学习费用上还是生活上的支出，找爸爸要钱的时候，他会说我怎么花这么多钱，但是该给还是会给。我真的觉得我爸很好，虽然说他也只读到初中，但是他因为在外面待了很多年，会跟我讲很多道理，我觉得他是一个很睿智的人。

问：你当时报专业的时候是怎么想的？

答：文科本来也没有什么好报的，学校也没有什么，我对英语还算是感兴趣，就挑了一个英语还算好的学校。而且觉得学英语以后就业面也更广一些。

问：完全是你自己的选择吗？

答：我跟我爸讲过，但他想让我去学医，但是医学院学费更贵，时间也要更久，我觉得我还是没有精力，而且没有兴趣。我知道他让我报，主要是想着以后我能轻松一点。

问：当时没考好没想过复读吗？

答：我刚开始想过，后来想着高三真的太累了，在知道成绩的那段时间我就一直在纠结，也还想着要去一个好一点的大学。我就觉得我现在的学校不好，学费还很贵。我的同学都是五六千元的学费，我这个是他们的几倍。

问：你对未来有规划吗？如果你现在了解到，将来读研的话，三一基金会其实会继续给资助，你会有这个想法吗？

答：会读研，就算没有（资助）我也有想读研的，但我现在暂时没有打算。我目前就先把期末考试考好，准备一下计算机二级考试。趁着现在有时间把要考的证书给考了。

问：在参与项目的整个过程，你是不是认同呢？参与感是高还是低？

答：我觉得我参与感还是挺高的，要填的表我都非常积极填了，但除此之外，就没有其他的东西了。

问：所以你跟这个项目的联系就是填表吗？

答：我觉得是的。这个项目就像是陌生人给了我一笔钱，我接受了，但是我跟这个陌生人素未谋面，只靠着每学期填一份表让他知道我的学习成果。我也很难对他有什么情感。

电话访谈——老 -3

问：你当时是怎么进入到这个项目当中的？

答：高考后我从我们学校了解到有一个申请圆梦助学项目的机会，是老师帮忙申请的。我通过学校填报一些自己的个人信息，再递交到三一基金会这边。当时负责我们的老师是×× ，他会看一下我们提交上来的个人信息，再根据家庭情况，或者可能会考虑你即将进入的大学，也可能还有其他方面的评估来确定人选，但具体怎么评估的我不太清楚。我就是按部就班地申请，后面被挑中了，随即我就参加了三一基金会的员工暑期实习计划。基金会派来一个对接的同志，特地用一个专车将我们县 20 多个人接到了 ×× 那边，后面就是参加为期一个月左右的实习，主要目的是带我们体验生活，其实没做特别多与工作相关的事情。刚开始全省总共是 100 个人，后面通过实习期或者是各方面的一些考察，从中再挑选了 10 个人，大概就是这样子的。

问：是 100 个人选了 10 个人，是吧？

答：对，我们开始时是 100 个人去参加了他一个实习项目。

问：当时你并不知道他选择的标准是什么？

答：对，我们当时都不知道他后面还会筛选，最后选择 10 个人作为长期的资助对象。我们刚去的时候都以为只是参加一个实习，当时我记得好像是有一笔实习费，1000 块钱吧。

问：他在你们去之前会告诉你们，比如说你们通过了实习的话，之后会有一个长期的资助，还是说你们就只是以为参加了一个实习项目？

答：我们去之前应该大部分是知道的，我记得当时好像有一些其他地方（的同学），因为我们已经是第三期了，他们有一些学校有师兄师姐以前去过的，他们好像是知道还有一个后面的长期资助计划。但是我当时，因为我们学校以前就没有作很多宣传，所以我压根就不知道后面的情况。×× 就接待我们，他会跟我们介绍一下项目情况以及我们这一个月的安排，就对这个项目有了一些了解。

问：所以说你是在最后被选择的时候，才知道之后会有一个长期的资助，是吗？

答：对，我是去了才知道的。

问：你刚才提到申请这个项目是老师帮忙申请的，是老师告知了你这个机会你去申请，还是定向把名额分配给了个人？

答：我觉得是老师，因为老师对我们这些学生的家庭情况都比较了解，他会专门挑一些家庭比较贫困的学生，同时可能对成绩也有一些要求，比如考上了一本或者重点大学，出于这两方面的考虑，挑选学生推荐，或者是直接给你报名。之后就是让我们填一份表，交上去给团委还是什么的，具体我记不太清楚了。

问：你上大学时的资助金额是多少？

答：大学期间每年1万元。

问：你觉得这笔钱帮助很大吗？

答：帮助很大，因为一般像我这样家庭贫困的，最多能攒够第一年大学的学费。当时获得这笔钱基本上能够我四年的学费，甚至还有点剩余。记得我当时好像是5000元一年。所以总体来说已经是非常大的资助了，因为你看不仅可以包括学费，而且也可以补贴一下生活费什么的。我自己本人也申请了一些比如贫困生助学金之类的，这样的话大学就可以完全没有后顾之忧。经济上没有太大的压力，我就可以完成学业了。

问：你在大学期间，还有自己再去做其他一些事情去赚钱吗，比如勤工俭学？还是完全没有，把所有的心思都放在学习上？

答：当时我周围有一些同学会参加勤工助学这样的项目，我也自己去参加了一下，但并不是因为生活方面的压力，更多觉得是自己想去体验一下大学各方面的一些事情。

问：你是后来又去念书了是吗？你毕业之后？

答：对，我 2010 年在 ×× 大学读书，2014 年毕业，然后去一家国有企业了，大概两年。后面自己又花了大半年的时间考研，所以就是 2017 年的时候又开始读硕士研究生，现在研究生还没毕业。

问：你为什么会毕业之后先工作？

答：其实我刚一进入大学的时候，也是想着要继续深造，读研究生。（但当时没有继续深造）有两个方面的原因，第一就是我大学的专业，自己不是特别喜欢，所以当时学习成绩比较一般，也稍微有一点厌学的情绪。第二就是我毕竟在农村，每次放假回家，家里面的同龄人都去打工或者是已经工作了为家里赚钱，我觉得自己这方面挺有压力的。因为我的家庭情况，一个妈妈，还有一个姐姐，当时我姐姐一直在读书，我妈妈身体也不算太好，也没什么文化，基本上不怎么出去赚钱的，我的经济压力挺大的，同年龄段的人都去工作了，所以我觉得是不是也要承担一点家庭责任，所以我就先去工作了。

问：你为什么后来又回到学校读书？

答：首先就是家庭方面的压力，因为后面我姐姐她虽然没有毕业，但是已经差不多要毕业了，家里的话就没有特别大的经济困难。另外一个原因是，我不是特别喜欢（我工作的）那个地方，也对企业的工作状态不是特别适应。还有我姐姐，她学历比较高，她推荐我去考研究生。我自己也想过是不是跳槽找一个工作回长沙，但是跳槽发现只能找到以前专业相关的工作。所以为了进入一个自己特别喜欢的专业，就又重新决定考研，就考了另外一个专业的研究生，又去读书了。

问：你毕业之后想要去做什么？

答：我可能会去一个高校做行政，也有可能准备一下××省的选调生。现在的话就考虑这两个方向。

问：三一基金会在你整个上学、工作，然后又上学，以及接下来将要踏入工作岗位这个过程当中，你觉得它处于一个什么样的位置，或者你觉得它发挥了什么样的作用？或者是说你觉得它其实只是一个物质上的资助，一开始很重要，但到后来有了赚钱的能力之后，资助就没有那么重要了？还是说你觉得它一开始很重要，到后面也会发挥一个更大的作用？

答：首先我觉得是它是在后期发挥一个很大的作用，因为我们这一届跟之后的不一样，基本上每年还会有聚会。相当于基金会除了资助之外，还是一个特别好的平台。比如聚会，像我来自××大学，还有很多更加优秀的同学，甚至有一些清华大学、北京大学（的同学）。我平时对他们那些更加优秀的（同学的）生活或者工作都不是很了解，但是通过这种聚会相当于自己多了一些更加优秀的朋友。另外除了圆梦学子之间有聚会，基金会也会有聚会，经常会有一些主题报告，甚至一些特别有意思的娱乐活动。我记得有一次印象深刻的，当时是×××他们几个，大概邀请了几个人（三一集团的一些领导），和他们一起在一个台上，他们根据我们比较关注的主题，包括自己以后的职业生涯发展或者是其他方面的一个主题，他们就像几个大咖一样跟我们讨论，我们在下面自己思考，直接在下面跟他们进行面对面的交流这样子，所以我们可以接触一些可能自己本来接触不到的东西，最重要的是开阔了视野。我本来作为一个农村的大学生，可能对那个圈子的了解也特别少，也没想着自己以后要怎样，参加这个项目的话，可能有了更多的想法，更多思考。

问：你现在还有继续接受三一基金会的资助吗？

答：其实本来我刚刚上研究生的时候，他们还是叫我继续申请的，但是我觉得我姐姐她后面就工作了，家庭有了其他经济来源，所以我跟他们说我就不继续申请了，直接自己花钱就行了，因为可能还有其他同学更需要基金会的资助。

问：你们都太棒了！所以就是说对你而言，上大学的时候，这笔资金解决了你生活上的很多问题，在参与项目的整个过程当中，包括到现在，你认识了更多基金会的小伙伴，也包括他们的管理人员，这些人带给了你更多的东西，像你说的开阔了视野，其实你会觉得这个东西在整个过程当中是最重要的吗？我感觉我了解到的是，基金会比较注重领导力的培养，他可能会更希望你们成为社会精英。还是你觉得还有其他的内容在？

答：对，以前给我们做的一些培训，像你刚刚说的这样子，但是到后期的话，毕竟我们每个人以前的成长背景都有一些局限性，所以我觉得后面我们有很大一部分人可能还达不到他们的期望，慢慢就开始自己的路自己走，自己达到自己梦想的这样子。

问：我是不是可以理解为他们倡导这些价值观在之后并没有发生很大的作用，因为我觉得不管你们同学在一起聚会，还是说基金会组织的每年一次的聚会，包括我觉得你讲的 ×××，他也会告诉你说希望你们将来成为一个什么样的人，对吗？我觉得精英是一个中性词，大家之后都会有自己的一个人生选择，有的人选择成为精英，有的人选择不成为精英，所以我可不可以理解为，他所希望你们的选择，在你这里是没有实现的，你在后期不会觉得他的这种倡导是对的？

答：他们倡导的我觉得是没问题的，但我们每个人的实际情况不太一样，因为可能像 ×× 等基金会的人，他们的角度、视野、站位对于我个人而言太高了，我无法达到他们的高度。

问：你觉得这种价值观会影响到之后自己的人生选择吗？我觉得你在重点大学上学，即使没有参与这个项目，之后的发展肯定也会特别好，会比你的同龄人过得要好很多。那么在这样一个情况下，基金会所给的资助和帮助到底在发挥一个什么样的作用呢？

答：其实它就是价值观的传递。我觉得是挺苦恼的，因为我自己性格方面跟这个不是很契合，因为他们是那种领导力的培养，而我因为家庭的因素，从小到大是自卑且内向的，所以每次参与领导力的培训我都挺难受的。

问：会有其他人在这个过程中如鱼得水吗？

答：肯定也有很多其他同学比较适合这个，他们甚至提前进行了这方面的培训教育，他们拔高了对自己的要求，毕竟看得远了，可能自己以后就有个长期的动力。

问：但是我觉得从某一种层面上来说，你们的家庭背景应该都是差不多的。你觉得为什么会有的人非常适应，但有人就不适应这种情况。你觉得除了背景家庭这方面的原因，还有其他的原因吗？

答：我觉得是性格吧。有些人本来就特别外向，很有雄心壮志的那种，有些人就不是这样。

问：那些有雄心、有智商的小伙伴在你们这个大家庭当中是多数吗？

答：因为大部分（成员的）家庭比较贫困，可能内向的会多一点。这两个其实是有一个相关关系的，（家庭贫困的）就更容易自卑，在一个这样的（成长）环境，可能适合这种领导力的人就会少一点。但是还是有很多人具备或者说后天培养出了这种领导力的，因为我们总共有五六十个同学，有这种想法的人可能只有五六个人，比例上来说的话，还是要少一点。我只是觉得除了家庭原因之外，就算在一个非常正常的环境当中，这种具有领导力的，或者所谓的有这种雄心壮志的人，我觉得都是少数。可能我觉得从性格上来说，这个是一个正态分布，但其实我觉得是因为大环境的因素我们这一代人中有这种想法的人是少数。我觉得可能家庭是一方面的原因，但是我更愿意把这个问题归咎于其他因素。因为我后面工作几年之后，发现我那些同学都越来越佛系。

问：我觉得就算我们不考虑能力、成绩等这方面的因素，真正自我价值感高的人还是少数。我感觉这种东西还是要自己内部的驱动力足够才行，他们自己本来就想活成这种样子，再加一个外部环境的推动才能成功。我觉得×××其实是想从外部给你们一个推动力的。现在回到这个项目本身，我们两个都是以旁观者的角度去看待这个问题，我觉得好像三一基金会的推动不算是成功的，我可以这么说吗？还是你觉得不是这样？

答：像这种价值观，我觉得失败说不上，因为不一定要每个人都成为他们期待的样子。比如说 50 个人或 60 个人，有这么 5 ~ 10 个人能够接受这种其实就可以算是成功的，他不可能说叫每一个人都这样子。

问：但是我觉得你们已经是被筛选出来的一批人了，他可能更多是想弥合家庭背景这种因素，就是说他们是希望不考虑家庭背景这个因素，我们都可以跟其他的有这种领导力的人站在同一个起跑线上，我们都可以去接受这种培训或者培养。而且我觉得你们非常幸运，在大学期间还有一个人告诉你说，你们以后的职业发展应该是什么样子的，你们应该成为一个什么样的人。我大学的时候大家都在自己干自己的事情，只有毕业的时候，我们跟同学们相互讨论下，你毕业要干吗，我毕业要干吗，对于我来说是没有人给我一个这样的外部的推力的。前几年的话，就像刚入大学那时候，确实想法会区别大一点，但是后面的话就会越来越小。刚入大学如果没有这方面的一些教育，可能就比较迷茫，但是后面随着进入大学，自己有一个探索的过程，慢慢就会找到自己的路，而这方面的引导和教育就会让自己少走一些弯路。你觉得这个项目会让你觉得在自己刚入大学的时候，目标相比周围的人会更加明确？

答：刚开始的话，我自己对自己期望还挺高的。

问：你会把这种自己对自己期望高，归于是这个项目的原因吗？

答：对，我觉得是这样的，因为我刚开始对自己期望高，是因为我觉得自己获得了一些不错的资源，有一些资源自己要好好利用一下，以后好好学习，好好工作什么的，都应该积极上进，有点类似于自己刚刚入大学就给打了一针鸡血一样。

问：为什么后来这种类似于打鸡血的感受或者对自己的期望越来越小？

答：后来的话我想一下，一方面虽然说有这样一个项目，有一个负责我们的老师，但是因为他们都有自己的工作，没有一个人是专职工作，指导我们这些人，只是假期和我们有接触，比如假期的一个聚会，偶尔什么过年过节给我们赠送一些福利，或者平时哪个老师到我们所在的城市出差，跟我们谈一下心，请我们吃饭这样子的交流，所以总的来说一年也就两三次的机会接触交流。进入大学之后可能其他方面的事情更多，所以总的来说，对我们的影响就会变小。而自己在大学和其他同学的接触却在慢慢增多，绝大部分的时间、精力我都在和其他同学一起，所以慢慢地就跟其他同学更加接近了。

问：基金会对于你来说更像是一种额外的存在，它不可能成为生活的常态了，是吗？

答：对。

问：你还参加了梦四的管理，当时是因为什么呢？

答：因为当时是在××，所以我就以为离得比较近，再加上当时 ×× 大哥他暑假的时候也问了一下我暑假有没有时间。当初也是（大学）第一年暑假，就当作去暑期实践一样的。而且我觉得我上一年就参加了那个项目，去参加也挺有意思的，自己当时也做了一些工作，和另外一些刚刚高中毕业的学生交流，他们有想了解的，我都可以传授一下，大概这样子。

问：在你大学后期，甚至在后来的各种选择当中，你会觉得这个项目对你产生了影响吗？你现在会觉得它有影响吗？

答：（现在）影响不会特别大了，就不像刚开始。但是后面的话因为以前有一个这样的经历，自己刚开始也是想这样子干的，只是后面没有实现。但是后面的话，相当于让我看到了人生是有更多的可能，只是自己没有实现。我觉得它的目的是达到了，但它没有办法强制性地去让每一个人怎么样，但如果看到这种可能性，以后就会有实现的可能。

问：请问你还有什么想告诉我的？比如你对这个项目的一些感悟，或者在刚才的对话中我没有注意到的一些细节，你可以延展开来谈一谈。

答：我想说的话，参加这个项目我们（被资助的学子）除了互相之间多了一个联系之外，我觉得大部分人会有一种特别感恩的那种心态。比如中秋、端午还会收到一些福利，我觉得这是一个特别温暖的大家庭。

问：你会觉得组织还带给你一定的情感支持，是吗？

答：对，比如除了教育和经济方面的，还有情感方面的。

问：这个是比较重要的事吗？

答：对，这就类似于雪中送炭的那种帮助，不需要多么高的价值，但是很暖人心。

问：好的，我明白，好像你们都提到了这一点。我想说点自己的感悟，因为现在我看到你们这些人，包括后面基金会换了种资助方式，我觉得物质上的资助，它可能可以缓解当前一些不好的情况，但其实更多的是一种精神上的鼓励和支持。我觉得这点是更重要的，对一个人生可能产生更大的影响。

答：另外，因为我们刚入大学就接受这一个跟你其实本来没什么关系的基金会的资助，我觉得人生态度也会有一些微妙的变化，会更加正面。比如，因为我们家庭贫困（的学子）很多，（心态）会比较悲观，这样（接受资助）的话，就觉得自己在这个社会没有被遗弃。另外我觉得它是可以起到一个传递正能量的作用，觉得自己以后在这方面是不是也要做一些力所能及的事情。我觉得这个事情是有价值的。另外我们当时有了暑期实习一个月的体验，这可以让我们在大学期间更快地融入集体，因为有一个月的时间大家在一个学校里共同学习工作生活。

实地访谈——老-6

问：你当时是怎么加入这个项目中的？

答：当时应该是学校那边有推荐，比如说一些（同学）家庭情况不是很好，但学习成绩还行，或者说达到了他们一个什么标准，但具体标准是什么我也不太清楚，学校就会推荐参加这个项目。我当时了解的是我们上一届一个师姐参加了这个项目，但具体是谁记不清了。反正老师通过她的参与情况，给我们传达的是：这（个项目）是一个非常不错也非常温暖的项目。

问：你们学校就你一个人吗？

答：没有，可能还有一个。

问：但是最终只有你一个人入选了？

答：我们当时就是选一拨人去参加暑期夏令营，后来只剩下了我自己。

问：夏令营最后有多少人入选了？

答：我忘记了。

问：你知道大概的选拔标准是什么吗？

答：其实选拔标准并没有被公开。当时我们举办过一系列活动，比如参加一些讲座，请一些人来给我们分享，但具体的课程是什么我已经忘记了，之后还参加了军训。再往后的话就是要根据我们大学所录取的专业，把我们分到了三一园区里不同的岗位上面，还有就是晚上会组织一些活动。我觉得他应该是在各个项目上面都会有一些评分的机制。

问：你们都不太清楚这个标准是什么？

答：对。

问：你觉得夏令营的活动对你来说有很大的帮助吗？比如对之后进入大学？

答：肯定是有的，那是我第一次到长沙，也是第一次短时间内和那么多从来没有见过面的人相识相知，还和其中一些人成为好朋友。在这个过程当中，我接触到了很多同龄人，大家来自不同的地方，有不同的性格，能看到很多不一样的东西。认识了一些更高层次的人，比如当时陪着我们并主导项目的大哥，还有我们分到不同岗位里都有一个导师，他们也非常厉害。导师当时帮我做了职业规划，说我可以做工程师，然后走高级工程师，再往后的话，可以做管理，或者说更高的技术岗位。那个时候其实我并不是很懂，但是就记住了他那一番话，觉得自己在自己的领域内还是大有可为的。我从更厉害的人身上可以学到很多。

问：你每年会得到多少资助？

答：一万元。

问：你觉得这笔钱对你帮助大吗？

答：帮助很大，但是他们更多的是在价值观上给了我一个更正面的引导。

问：你觉得是怎么引导的呢？

答：我是有一个这样的想法，我们圆梦的同学是散落在各个地方的，我就觉得像是在一片黑暗的大海中，我们各自是发着一点小光的一艘小船，平时有问题需要帮助的时候，我们是可以互相给对方照亮的一艘小船，三一基金会给我的感觉是一艘非常亮的大船。然后告诉我们说在这片海洋当中，你可以上岛，也可以上大船。

问：那你和其他同学现在还会有很多联系吗？

答：不多，我觉得我们算是联系不多的朋友。

问：你会觉得这种联系不多的朋友，会对你有很大的帮助吗？

答：我当然不可能任何一点生活或者学习中的小事都去找他

们，但是他们让我看到了一个大的亮点。

问：还有什么方面是你觉得对你很有帮助的？

答：以前每年暑假的时候会组织一个很大的聚会，我们的组织者都会参与，他每年都会给我们讲他自己在这一年所做的工作、思考，还有一些困惑。我记得很清楚的是某一年他跟我们聊到他在哈佛上课的一些感悟，包括领导力的一些经验，也提到了时间管理、精力管理等，虽然他没有讲得很详细，但这也确实是我第一次接触到这些理念。后来我自己也有去看书，或者说开始了解这些概念。这对于开拓我的知识面很有帮助。

问：假如说没有这笔资助的话，就仅仅是一个精神上的鼓励和支持的话，你觉得会有什么不一样的地方吗？物质资助到底在产生一种什么样的作用呢？

答：我觉得是这样子，就是基金会相当于是在用实际的行动告诉我们，他们不仅仅是在精神上支持我，我想做的东西、想实现的梦想，他们也愿意在我的各个求学阶段去提供他们力所能及的帮助。

其实钱的话刚开始大学肯定会觉得一万块钱非常多。但后期学校也会发一些奖学金，包括上研究生之后，收入会越来越多。所以说这一万块钱的话，是随着时间的增长比重越来越小。但我还是觉得还基金会在用行动证明不仅仅是在精神上支持，在其他各个方面都在给我们支持。

问：所以你刚上大学时候，这笔资助还是很重要的？

答：是的。其实我在想，我大概把这笔钱用在了什么地方，我不是一个会记账的人，我现在也想不起来这笔钱用到哪儿了，最主要的应该还是学费，还有一些其他的日常开支。基金会也一直在倡导我们要投资自己，但我刚上大学的时候没有投资自己的想法，后来会报一些我想学的课程，当时还没有现在这么丰富的网络课，这方面资源比较少。但是基金会让我初步有了这样的想法，并且在物质上帮助到我，让我也可以这么去做。对于我来说，它最重要的还是降低了我的生活成本，减轻了一些家庭负担。

问：你为什么会选择来北京读研？和三一基金会有关系吗？

答：有的。首先很重要的一点是我自己希望去大城市发展，也希望自己能够接受更加系统的教育。这其实和基金会一直倡导的也是相符的，他们一直在鼓励我们往上走。我第一次来北京也是因为当时基金会的一个负责人，他邀请我来北京玩，那是我第一次来北京。我现在已经不太记得当时的情形，只记得当时的想法就是以后一定要来北京。

问：那是在你什么时候的事情，他建议你，或者是希望你来北京？

答：大二的时候。

问：你觉得来到了这里之后，想法会有一些变化吗？比如，追求卓越还是追求安稳？

答：想法肯定在变化。我最开始的时候，想法就是想要过很平平淡淡的生活。但是那个时候每次聚会听到大家分享，感觉大家的理想都很宏大。有一位师兄讲到他大学生村官的经历，照我当时的想法的话，我觉得大学生村官其实是一个比较吃香的职业，公务员应该不会太累。但是我从他的言行当中了解到他不仅仅是在像我理解的那些人那样去工作，他还在想怎么样去为服务对象创造更大的价值。当时还有一位师兄，他是工作了几年，突然之间决定考研，我不知道他是不是裸辞了，反正就一直在备考，当时他讲自己一方面放弃工作，另一方面在准备不知道结果的事情，一年多的时间一直处于这种状态，当然最后成功了，但是他说起这个过程，会觉得非常磨练自己。我会想如果是我的话，我应该做不到。这就是为什么说我每次都能看到别人的思维模式，看到别人怎么思考问题的，我也在这个过程中慢慢改变自己的想法。以前觉得工作和生活是分开的，现在越来越觉得其实工作是生活的一部分，工作做好了之后，在其他的地方也会得到一个正向的激励。所以我现在想的是我不会去强求我一定要变得卓越，但是对于我自己的职业，我一定会拼尽全力、不遗余力去做。

问：你从中得到的一些想法没有彻底改变你的生活模式，但是也会一点一滴地去内化到你的行为当中，是吗？

答：我觉得是这样子的，我从三一基金会得到的一些改变是从内往外，最后再向内的。我接受了，我愿意去改变，我有改变的意愿，然后我再去结合我自己的经验，或者说我和别人交流，然后我自己内化于心，愿意去看到这一点才会有效的。

问：你认同三一基金会传递给你们的理念吗？

答：我个人的主观感受是他们希望我们可以成为人上人，或者是你可以成为组织的领导者，而不是说甘心做一颗螺丝钉。我觉得这是一种生活选择，你可以不选择这样的生活，不一定非要追求卓越、成为精英。而且我认为卓越的面很广，更多是自己定义的，并不是别人说你卓越就是卓越。如果有一天选择不工作了，做一个家庭主妇，也可以的。

问：那你认可三一基金会所倡导的卓越理念吗？

答：我现在也是认可的，到往后的阶段我不确定，我觉得自己不管在哪个领域，起码自己内心要觉得自己是卓越的。虽然我现阶段认同，但我也会根据自己的经验、自己的想法去调整的。

问：你觉得你现在的工作是你想要做的吗？为什么选择了留在北京的一家互联网公司？

答：是的。我比较认同我们公司，包括公司的工作氛围、成长空间，我自己是有挺多期待的，我觉得这个平台很棒。

问：你今后在职业发展上面有什么打算吗？

答：一方面在公司内部肯定是要往更高的层级去发展，这样可以获得更多的资源；另一方面也是自己对自己的一个交代，我的努力获得了公司的认可，自己的信心也是在往上涨的。有信心之后就会更愿意做事情，更愿意往上成长，我觉得这是一个很正向的一个激励的闭环。所以我目前的想法是在公司内部一步步往上走。

问：目前你还跟这个项目的小伙伴有比较多的联系吗？

答：不多。有的人后来工作了，有的人可能结婚了，（大家）方向不是很一样。

问：你觉得这个项目带给了你什么？

答：我觉得圆梦助学项目像一个家庭一样，大家在五湖四海，就像刚刚说的不常联系的朋友。基金会尽可能地给了我们资源，把我们往好的方向指引，但剩下的我觉得还是得靠自己。虽然三一基金会是对我们有期待的，但路都需要自己一步一步走，不可能一蹴而就。你不可能现在在一个小地方工作，然后马上就去大城市。我现在刚毕业，也不可能说我立马就要成为一个行业标杆什么的，肯定都是一步一步脚踏实地来。

问：如果没有这个项目的话，你会觉得你的人生有什么不同吗？

答：我已经在这个过程当中了，已经成长了这么多年，其实我没有办法去回想，如果没有这个东西的话，很难去假设。如果没有这个项目，我大二的时候就不会来北京，也不会那么早把北京当作我今后发展的地方。但就算没有这个项目，我觉得自己也会通过其他的方式成长起来。

后　记

　　中国教育脱贫攻坚之所以取得举世瞩目的成果，与全国上下通力协作密不可分。社会公益组织正是其中的重要力量。公益项目的科学化、规范化是保证公益项目可持续进行的重要方式，而科学公益需要有科学的评估。当课题组在 2019 年接到北京三一公益基金会"圆梦助学"项目的评估邀约时，我们感到兴奋的同时深感责任重大。兴奋的是，对于这样一个具有科学公益开创性项目的评估，能够丰富我国教育减贫与未来乡村振兴的案例库，讲好中国故事，总结中国经验；感慨的是，这需要投入大量的人力物力，开展基于数据、访谈等一手资料的科学分析与评价判断，这对课题组提出了巨大挑战。最终，我们完成了这项工作，并将主要成果呈现于读者面前。

　　我们要感谢为本书做出贡献的组织与个人。

首先，感谢北京三一公益基金会。基金会的创始人、管理团队及项目团队以公益人特有的爱心、热情与敬业精神，支持了本项目的顺利完成，并同意向公众开放部分数据内容。这为中国科学公益评价积累了宝贵的案例素材，也为中国教育减贫与促进乡村振兴的研究提供了宝贵的资料。

其次，感谢接受项目访谈的所有相关人士。这些同学大多已经上了大学，他们宝贵的反馈让项目评价得以完善和充实。

再次，感谢项目组全体团队成员。本项目是合作的结果。除了本书两位作者之外，陈淑宁、齐子萌、王培融、陈钰文投入了大量的精力，并参与了资料收集、数据分析、访谈整理等多项工作，做出了极大的创新与贡献。没有他们的努力就不可能有本书的出版。本书也是献给这些团队成员的礼物。

最后，感谢中国人民大学教育学院给予本书出版资助，感谢知识产权出版社李婧编辑的认真与专业使得本书顺利出版。

中国对于教育减贫、教育帮扶的科学评估正在启航，方兴未艾。我们希望以本书的出版作为一个重要的里程碑，以终为始，百尺竿头，更进一步，为中国教育减贫与乡村振兴贡献力量，为全球教育减贫贡献智慧。

潘昆峰　何章立

2021 年于中国人民大学国学馆